中華傳統文化圖典《漫畫老子》

Copyright © 2016 by 周春才
Korean Translation Copyright © 2021 by Gagyanal Publishers.
This translation is published by arrangement with Beijing Times Chinese Press Co., Ltd.
through SilkRoad Agency, Seoul, Korea. All rights reserved.

이 책의 한국어판 저작권은 실크로드 에이전시를 통해 Beijing Times Chinese Press와
독점 계약한 가갸날 출판사에 있습니다. 저작권법에 의해 한국 내에서 보호를 받는
저작물이므로 무단 전재와 복제를 금합니다.

만화 노자

저우춘차이 글·그림
박영재 옮김

가갸날

정신생활의 양약良藥

《노자》는 도가道家의 경전이다. 유가 경전인 《논어》가 정신생활에 필요한 양식을 제공했듯이, 《노자》는 정신생활에 필요한 양약良藥을 제공한 것으로 높이 평가된다. 생존경쟁이 날로 치열해지고 인간의 삶과 존재의 의가 점차 퇴색해가는 오늘날, 이러한 비유는 참으로 적절하다.

여기서 강조할 것은 《노자》와 《주역》의 관계다. 모두가 알다시피 《주역》은 중국문화의 뿌리이자 전체를 아우르는 상징적 지위를 지니고 있다. 《주역》의 뒷받침이 없었다면 《노자》의 사상은 승화될 수 없었을 뿐더러, 세속 차원을 넘어서는 철학적 가치를 지닐 수 없었을 것이다.

《노자》 상편의 주제는 '도'道, 하편의 주제는 '덕'德이다. 《도덕경》이라고 불리는 이유다. '도'는 노자 철학의 최고 범주로, 사물의 존재와 변화의 법칙이면서 운동과 변화를 촉진하는 내재적인 힘이다. '도'는 노자 사상이 체계적인 토대를 갖추고 있음을 보여준다. '덕'은 '도'의 법칙에 따라 생활하는 것으로 이해할 수 있다. 무슨 일이든 억지스럽거나 제멋대로 하지 않고, 노자가 주장한 '무위'無爲에 따라 행함을 일컫는다.

그렇다면 노자 이전으로 거슬러 올라가는 수천 년의 긴 시간 동안 사람들은 어떤 법칙에 따라 '무위'의 삶을 살았을까? 일반적으로 《주역》이 전체 중국문화의 형이상학적 근거라는 것을 수긍할 것이다. 다만 노자의 '도가도道可道, 비상도非常道'('도'라고 말할 수 있는 '도'는 불변의 '도'가 아니다)라는 한 마디 말이 문제다. 《주역》이라는 명백한 '가도'可道 바깥에 또다른 '불가도'不可道의 '도'道가 존재하게 되기 때문이다. 이 문제를 자칫 잘못 건드렸다가는 큰 웃음거리가 될 수 있다. 그래서 누구도 선뜻 나서지 못했다.

인정하든 않든 간에, 서양철학의 존재론 개념에 해당하는 '불가도'의 도는 확실히 존재한다. 그것은 주로 세계와 우주에 대한 인간의 총체적 인식 속에 나타난다. 또한 '가도'의 도와 긴밀히 통합된 형태로 존재한다. 노자는 인간을 자연 속의 한 부분으로 인식함으로써, 인간과 자연이 하나라는 '천인합일'天人合一의 개념 속에 이를 효과적으로 통일시켰다.

다행히도 《주역》을 풀이한 《계사전》에서 이를 뒷받침할 근거를 발견할 수 있다. 공자는 "성인이 상象을 세워 그 품은 뜻을 다하고, 괘卦를 설치해 참과 거짓을 밝혔"지만, "글로는 말을 다 기록하지 못하고, 말로는 마음에 품은 뜻을 다 표현하지 못했다"고 했다. 《주역》의 창제자들도 깊은 경계심을 가지고, 《주역》이라는 '가도'의 도가 '불가도 속에 놓여 있음을 자각했던 것이다. 또한 인간을 자연 속의 일부로 간주하는 천인합일 사상을 통해 둘을 통일시켰다.

《도덕경》 속에서 우리는 노자 자신을 포함한 많은 옛사람을 만나게 된다. 그들은 모두 《주역》의 '도'를 따르거나 《주역》의 법칙에 따라 '무위'의 삶을 살았다. 노자의 '도'는 의심할 여지없이 《주역》이 보여주는 자연법칙이다.

노자의 사상은 하늘에서 뚝 떨어지거나 발원지 없는 강일 수 없다. 오직 그 뿌리와 유래가 있고 질서정연하게 계승되는 토대 위에만 구축될 수 있다. 노자는 주나라가 쇠락해 문화가 하강하기 이전에 주왕실의 장서를 관장하는 일을 맡고 있었다. 그는 다른 제자백가들에 비해 국가철학적 의의를 지닌 《주역》을 밀접히 접할 수 있는 위치에 있었다.

근대 이후 서양문화를 잣대 삼으면서 의식적 혹은 무의식적으로 동양문화의 토대를 과소평가하게 되었다. 중국 철학에 발을 들여놓은 사람이

맞닥뜨리는 첫 번째 장애는 고대 선철들의 사상 전달방식이었다. 남아 전하는 글은 대부분 매우 짧다. 서로간의 연관성이 모호하고, 논리와 토대가 부족해 보인다.

예를 들어 격언 형식으로 쓰인 《노자》는 전체가 5천 자에 지나지 않는다. 《논어》 역시 각 단락이 짧은 문장으로 이루어진데다 내용 사이의 연관성이 떨어진다. 《장자》는 신기한 우화로 가득 차 있다.

중국 과학과 마찬가지로 중국 철학도 체계적이지 않다는 인상을 준다. 선배 학자들은 후배 학자들에게 중국 철학에 앞서 서양 철학을 공부할 것을 훈계한다. 그렇지 않으면 철학적 체계와 엄격성을 갖출 수 없고, 노자와 공자 등을 칸트나 헤겔 같은 철학가 반열에 올릴 수 없다는 것이다.

그들은 형식논리와 환원론에 기초한 서양문명의 좌표 위에서 중국 철학사상을 직관적 '깨달음'과 '천재성'이 발현된 것으로 관용적으로 정의한다. 그에 대한 체계적 뒷받침은 결여되어 있다. 그러다 보니 우리의 삶과는 동떨어진 무미건조한 '학술 문제'로 변모하고 만다.

《주역》은 변증론에 기반한 철학 및 과학 체계로, 전체 중국문화의 해석체계이자 추리모형이다. 변증과학의 성취로 인해 중국 철학자들은 정서적 감응 속에서 일종의 묵계를 형성할 수 있었다. 그들은 따로따로 아궁이를 지을 필요 없이 변증논리의 기초 위에 자신의 이론체계를 구축해갔다. 그리하여 서양과 같은 복잡한 철학체계를 무한히 확장할 수 있었다.

노자는 천부적인 지혜와 넓은 도량, 맡은 직무가 남달랐던 덕분에 그 가운데 가장 앞자리에 설 수 있었다. 청나라 학자 오세상은 《장자해》라는 책에서 이렇게 설명하였다. "《주역》의 오묘함은 '상'象(사물의 기능을 개

괘)에 있고, 《시경》의 오묘함은 감정 표현에 있다. 《노자》의 오묘함은 《주역》, 《장자》의 오묘함은 《시경》에서 나온다. 하지만 《장자》의 요지는 《노자》, 《노자》의 근본은 《주역》에 바탕을 두고 있다. 《주역》은 천하의 '도'道에서 생겨나 복희와 문왕의 팔괘에서 완성되었다."

진나라가 중국을 통일하기 이전 시대를 산 중국문화의 주류를 대표하는 노자, 공자, 장자 등은 각자의 관점은 다르지만, 하나같이 《주역》이라는 공공 해석체계와 추리모형으로 자신의 사상을 나타냈음을 알 수 있다. 물론 그 체계는 《주역》 자체가 아니라, 그것이 문화의 배경이나 사고방식으로 존재하는 문화철학적인 것이다. 《주역》으로 대표되는 중국 철학은 일찍이 이론적 체계와 엄격성을 두루 갖추었다.

중국문화의 기초이론은 《주역》이며, 《주역》의 기초이론은 곧 음양오행설이다. 오랫동안 세파에 휘둘려온 음양오행설에 오류가 없다고는 할 수 없지만, 음양오행설을 벗어나면 중국문화는 그 넓이와 깊이를 잃어버리게 된다. 책임을 통감한 필자는 여러 해 동안 궁리하고 전문가의 자문을 구해 다음과 같은 말로 중국문화를 개괄하기에 이르렀다.

그것은 먼저 이 체계가 '과학' 곧 변증과학에 의해 수립되었다는 점이다. 음양오행설은 천인합일 세계관의 지도 아래, '구고勾股 정리'라는 수학적 공리를 지레목 삼아 형성되었다. 이 같은 토대 위에 시간과 공간을 좌표로 세상만물을 그 기능에 따라 통일시키는 논리체계이다.

천인합일의 세계관과 전체론에 따르면 중국 변증과학을 통일하는 기본 단위는 기능이지 구조가 아니다. 이러한 이유 때문에 사물의 자연상태가 파괴되지 않도록 해야 자발적으로 존재와 발전의 최적 상태에 도달

할 수 있다. 그 최고의 경지는 자연과 같은 뛰어난 솜씨를 추구해 흔적을 남기지 않는 것이다. '무위'라는 노자의 사상과 일치하며, 중국문화에서 이 법칙은 '도' 혹은 '천공개물'天工開物이라고 불린다.

역학 체계 중의 부호 건乾, 곤坤, 손巽, 진震, 감坎, 이離, 간艮, 태兌는 구체적 사물인 하늘, 땅, 바람, 천둥, 물, 불, 산, 연못을 가리킨다. 변증과학에서 가장 전형적인 의의를 지닌 한의학에서도 심장은 군주, 폐장은 재상, 간은 장군, 비장은 창고라고 인체 각 기관의 기능을 설명한다. 방위, 기후, 맛, 동식물 등의 기능을 개괄하는 데도 마찬가지 방법이 사용된다. 한 걸음 더 나아가 기능에 시간과 공간의 속성이 부여됨으로써 문화적 범주로 확장되고, '하늘은 둥글고 땅은 모나다'는 천원지방설에 이르게 되었다.

수천 년의 시간 동안, 이 같은 원칙은 인간의 행위가 시종일관 자연과의 보편적인 연결 속에 놓일 수 있도록 해주었다. 그리고 사람들이 마음의 안정을 찾고 온전함을 유지할 수 있도록 해주었다. 노자가 숭상한 '도'와 '무위'는 물론 공자가 제창한 '인'과 '예' 모두 이처럼 서로간의 어울림이 살아 있는 자율의 세계에서 천지를 본받아 생겨났다. 그리하여 유가와 도가는 중국문화의 주류로 자라날 이성적 근거를 획득하였다.

차례

	정신생활의 양약良藥	4
노자의 가르침	노자는 무엇인가	14
	노자는 누구인가	15
	노자학설의 문화적 뿌리	20
	노자와 《주역》	25
	도道와 기氣	30
	유有와 무無	33
	도가와 유가	38
	'도'는 무엇인가	42
	'덕'은 무엇인가	45
상편 도道	제1장 도는 말로 표현할 수 없다	51
	제2장 아름다움이 있어야 추함도 있다	54
	제3장 탐욕이 생기지 않게 하라	57
	제4장 도는 우주의 주재자	59
	제5장 하늘과 땅 사이는 풀무와 같다	61
	제6장 하늘과 땅의 근본	63
	제7장 사사로운 욕심을 버려야 빛난다	64
	제8장 최상의 선은 물과 같다	66
	제9장 그릇이 가득 차면 넘친다	69
	제10장 마음을 거울처럼 맑게 할 수 있는가	71
	제11장 비어 있어야 쓸모 있다	73
	제12장 오색찬란한 색채는 눈을 어지럽힌다	75
	제13장 공명심이 지나치면 불안에 떨게 된다	77

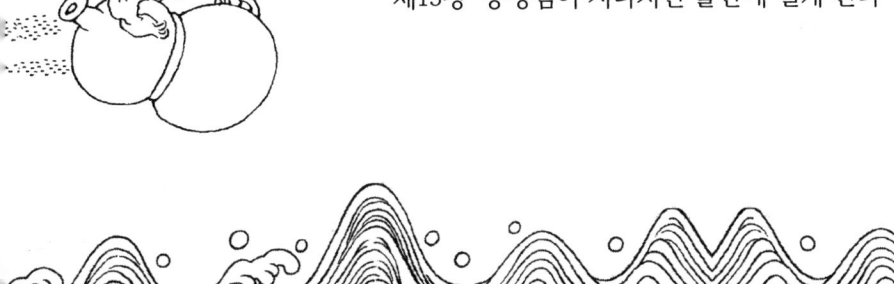

제14장	도의 법칙	79
제15장	누가 세상을 밝은 곳으로 만들어줄까	81
제16장	천도와 통하면 '도'와 일체가 된다	84
제17장	최상의 군주는 누구인가	86
제18장	지혜가 있고 나서 속임수가 생겼다	88
제19장	겉모습은 꾸밈없이, 내면은 소박하게	90
제20장	내가 다른 사람들과 다른 이유	92
제21장	도는 항구불변이다	96
제22장	낡아야 새로워진다	99
제23장	소나기는 하루종일 내리지 않는다	101
제24장	발돋움으로는 오래 설 수 없다	103
제25장	세상에는 네 가지 큰 것이 있다	105
제26장	무거움은 가벼움의 근본이다	107
제27장	잘 걷는 사람은 흔적을 남기지 않는다	109
제28장	손대지 않은 통나무를 쪼개면 그릇이 된다	112
제29장	세상은 신성한 그릇이다	115
제30장	도가 아닌 것은 오래 가지 못한다	118
제31장	도를 지닌 군자는 무기를 사용하지 않는다	121
제32장	이름이 만들어지면 욕심이 생긴다	124
제33장	자신을 이기는 사람이 강한 사람이다	126
제34장	큰 도는 이르지 않는 곳이 없다	128
제35장	도는 영원히 사용해도 다함이 없다	130
제36장	부드러운 것이 강한 것을 이긴다	132
제37장	도에 맡기면 천하가 절로 태평해진다	134

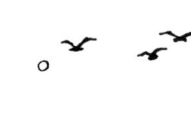

하편
덕德

제38장　겉만 화려한 도덕은 어리석음의 시작이다　137
제39장　명예를 원하면 명예를 잃는다　141
제40장　근원으로 돌아가는 것이 도의 움직임이다　145
제41장　큰 그릇은 만드는 데 오래 걸린다　147
제42장　도는 우주의 궁극적인 물질이다　151
제43장　'무위'의 유익함　153
제44장　만족할 줄 알면 치욕을 당하지 않는다　155
제45장　뛰어난 솜씨는 서툴러 보인다　157
제46장　만족할 줄 알면 부족함이 없다　159
제47장　문밖에 나가지 않고도 천하를 안다　161
제48장　인위적인 통치로는 천하를 얻을 수 없다　163
제49장　성인은 백성의 의견을 따른다　165
제50장　양생의 길을 알면 위기에 빠지지 않는다　167
제51장　도는 만물을 창조하고, 덕은 만물을 키운다　170
제52장　눈과 귀를 넘어 보는 힘이 참된 지혜다　174
제53장　무도한 군주는 잘못된 길로 빠지기를 즐긴다　176
제54장　튼튼히 이은 지붕은 바람에 날리지 않는다　178
제55장　수양이 깊은 사람은 갓난아이와 같다　181
제56장　총명한 사람은 큰소리치지 않는다　184
제57장　금기가 많을수록 백성은 가난하다　186
제58장　절대적인 올바름은 없다　189
제59장　검약만큼 중요한 것은 없다　191
제60장　나라를 다스릴 때는 생선 굽듯이　193
제61장　큰 나라가 먼저 스스로를 낮춰야 한다　195

제62장　도가 있으면 구하는 것을 얻을 수 있다	197
제63장　무위의 성인은 큰 일을 도모하지 않는다	199
제64장　천릿길도 한 걸음부터	201
제65장　기교와 지식은 나라의 재앙이다	204
제66장　성인은 높은 인망으로 나라를 다스린다	206
제67장　삼보 중에서 자애로움이 가장 중요하다	208
제68장　다투지 않는 덕	211
제69장　자애로운 자가 전쟁의 승자가 된다	213
제70장　내 말에는 만물의 원리가 담겨 있다	215
제71장　잘 모르면서 아는 척하는 것은 병이다	217
제72장　백성을 핍박하고 착취하면 안된다	218
제73장　하늘의 도는 싸우지 않고 이기는 것이다	220
제74장　죽음으로 백성을 두려워하게 할 수는 없다	222
제75장　삶에 집착하지 않는 사람이 현자다	224
제76장　강한 것은 죽음의 무리에 속한다	226
제77장　자연의 섭리는 활을 쏘는 것 같다	228
제78장　바른 말은 거꾸로 들리는 법이다	230
제79장　하늘의 도는 언제나 선한 편에 선다	232
제80장　나라는 작고 백성은 적다	234
제81장　진실한 말은 귀에 거슬린다	237
옮긴이의 말	239

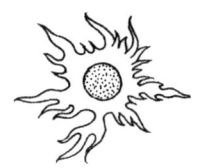

노자의 가르침

노자는 무엇인가

《노자》는 상편과 하편으로 구성되어 있다. 상편에서는 '도'道, 하편에서는 '덕'德을 중심주제로 다루고 있다. 《도덕경》道德經이라고도 불리는 이유다. 우주만물의 기원과 운동법칙을 예리한 필치로 그려낸 운문으로 쓴 철학서이다. 세상만물에 내재하는 모순과 그 모순의 해소과정을 탐구하는 변증법적 방법론을 사용해, 자연의 질서와 인간의 질서를 통합 설명하는 게 특징이다.

다루고 있는 범주는 국가통치와 군사전략에서부터 개인의 수양에 이르기까지 넓은 영역이 망라되어 있다. 《노자》는 인류의 중요한 사상적 자산으로, 수천 년 동안 동아시아 세계에 큰 영향을 주었을 뿐 아니라, 오늘에 이르러서는 그 파급력이 전 세계에 미치고 있다.

노자는 누구인가

노자는 공자에게 이렇게 말했다고 한다. 그대가 성현이라고 숭상하는 이들은 이미 죽어 육체와 뼈가 다 썩어 없어지고, 오직 그들의 공허한 말만 남아 있을 뿐이오. 군자도 때를 만나야 자신의 뜻을 펼칠 수 있고, 때를 만나지 못하면 정처없이 떠돌아다니는 신세가 될 뿐이오.

일류 상인은 물건을 잘 간수해 아무것도 가진 게 없는 듯이 보이고, 군자는 많은 덕을 지니고 있으나 얼핏 보아 외모는 아둔하게 느껴진다지 않소?

그러니 그대도 예를 빙자한 오만함과 과도한 욕심을 버리고, 위선적인 몸가짐과 헛된 망상에서 벗어나시오. 그런 것은 그대에게 이로울 게 없소. 내가 일러줄 말은 이뿐이오.

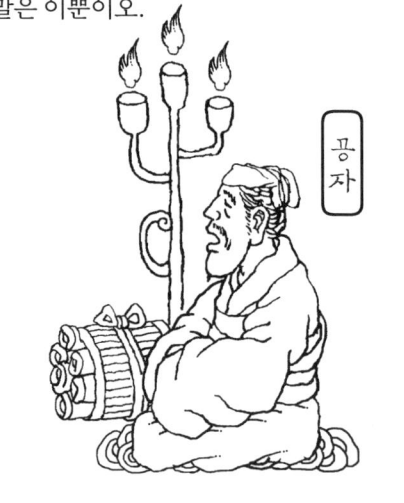

노자는 은거해 살며 도덕의 연구에 몰두하였을 뿐 명성을 추구하지 않았다.

오랫동안 주나라 수도에서 살던 노자는 주나라가 쇠퇴하자 수도 낙양을 떠나 서쪽으로 갔다. 산관散關이라는 국경을 지날 때 국경초소 책임자인 윤희尹喜의 부탁을 받고 《도덕경》을 써주었다고 한다. 그 후 노자가 어디로 가서 어떻게 생을 마감했는지는 모른다.

노자학설의 문화적 뿌리

기원전 700년 무렵 세계 도처에서 인류는 앞서거니 뒷서거니 철기시대로 접어들고 있었다. 철기의 이용은 인류의 발전에 중요한 의미가 있다. 철기를 이용함으로써 인류는 자연의 속박에서 완전히 벗어날 수 있는 가능성과 힘을 지니게 되었다. 그 힘은 자연에 맞서려는 욕망과 유혹으로 자라났다.

생산력이 높아지고 새로운 이익집단이 출현함으로써 중국은 사회질서와 도덕이 어지러워진 춘추전국시대에 진입하게 되었다. 주나라 천자의 국가통제력이 유명무실해지고, 제후국 사이에 서로 속고 속이는 알력다툼이 벌어져 천하가 요동쳤다.

이러한 혼란을 진정시킬 해결책을 찾는 것이 저마다의 식견과 책임감, 용기를 지닌 사상가들의 과제였다. 현실의 긴박한 문제에 대한 해법을 찾으면서도, 사상가들은 독특한 문화적 배경 속에서 인간은 어디에서 비롯되고 궁극의 목적지는 어디인지를 탐구하는 형이상학적 사유를 게을리하지 않았다.

인류문화사의 중요한 축을 이루는 중국문화의 형성은 황제黃帝나 오제五帝 시대에 상응하는 용산문화龍山文化 초기까지 소급해가야 한다. 바로 이 시기에 '천인합일'天人合一의 우주관과 기능을 중시하는 문화 메커니즘이 만들어졌다.

제사용 네모 모양의 '종'琮   제천용 원 모양의 '벽'璧

적어도 서주시대까지는 《주역》으로 대표되는 이러한 우주관과 이론체계가 구축되었다. 중국문화에 수천 년간 영향을 끼친 유교의 도덕 전통인 '예악'禮樂 형식도 이 시기에 정해졌다.

《주역》은 동양문화 전체의 형이상학적 토대일 뿐 아니라, 우주만물을 총체적으로 파악하는 궁극적 사고의 결정체이다. 후세에 이르러서도 결코 넘어설 수 없는 완벽한 형식미와 논리적 엄격성이 빛난다. 인자仁者는 인仁을 중시하고 지자智者는 지혜를 중시하는 등 온갖 사상이 난무하던 춘추전국시대 백가쟁명의 투쟁도 기본적으로 《주역》의 무대 위에서 펼쳐졌다.

'하도'河圖, '낙서'洛書 및 《주역》의 형상 이미지: 태극도

'하도'河圖는 우주 모형도를 제공하고, 낙서洛書는 가장 단순한 형태로 우주의 운행원리를 표시한 것이다. 《주역》 64괘는 동양문명의 논리적 틀을 형성하였다. 이러한 해석체계와 추리체계는 세계에서 가장 번영하고, 가장 안정적이며, 가장 오래된 생태문명을 창조해냈다.

이들 그림은 수학 언어로 태극도를 그린 것이죠.

하도
우주만물의 대립관계

낙서
우주만물의 통일법칙

앞에서 설명한 바와 같이, 노자는 일찍이 공자에게 주나라의 예악제도를 정비한 주공단周公旦이 지은 《주례》周禮를 전수하였다. 노자는 왕실의 장서를 관장하였기 때문에 동시대의 다른 제자백가들보다 《주례》의 내용을 더욱 깊이 이해하고 있었을 것이다. 또한 《노자》의 내용을 보면 노자가 다른 제자백가들보다 《주역》의 영향도 더 크게 받았을 가능성이 있다.

노자와 《주역》

중국문화의 도통道統인 《주례》를 계승할 사람이 필요하듯이, 형이상학의 뿌리인 《주역》 역시 이를 논증할 사람이 필요하다.

공자가 《주례》를 계승해 후세에 전했듯이, 노자의 사상 속에 《주역》의 지혜가 녹아 있음을 사람들은 하나같이 인정한다. 노자의 '도'道에 대한 해석과 '무위'無爲의 주장은 그러한 논리적 사유를 뒷받침하며, 《노자》에서 최초로 언급한 '천도'天道는 고도의 철학적 우주관이라고 할 수 있다. 《주역》에 대한 폭넓은 이해와 응용은 노자를 이러한 사명을 수행할 수 있는 적격자로 말들어주었다.

《주역》과 《노자》의 사상을 간략히 비교해보면 해석체계와 추리체계에서 둘의 유사성을 발견할 수 있다.

궁극적인 질문에 답하기 위해 해석체계가 필요하고, 구체적인 문제를 해결하기 위해 추리체계가 필요한데, 《주역》은 그런 역할을 하는 책이죠.

해석체계와 추리체계는 일반적인 의미에서 보자면 세계관과 방법론이다. 세계관은 곧 '우주관'으로, 사람이 자연과 사회 등 전체 세계를 어떻게 바라보고, 자신의 운명과 가치를 어떻게 인식하는가를 가리키는 근본적인 시각이다.

방법론은 체계에 대한 인식을 바탕으로 문제를 해결하기 위한 법칙이죠. 방법론과 세계관은 일치하기 마련인데, 체계를 바라보는 시각에 따라 문제를 관찰, 연구, 처리하는 방법이 달라지는 것이죠.

《주역》의 세계관은 우주의 흥망성쇠가 오롯이 자연의 움직임에서 비롯되고, 인간은 그 일부일 뿐이라고 인식한다. 인간이 우주에서 갖는 특정한 지위는 자연이 부여한 속성에 의한 것이기 때문에, 오직 자연의 정신을 충실히 따라야 하며 지배하려 해서는 안된다.

노자는 말했다. '도'道라고 말할 수 있는 '도'는 불변의 '도'가 아니고, 부를 수 있는 이름은 영원한 이름이 아니다. '무'無는 천지의 시작이고, '유'有는 만물의 근본이다.

道可道 도가도, 非常道 비상도
名可名 명가명, 非常名 비상명
無 무, 名天地之始 명천지지시
有 유, 名萬物之母 명만물지모
- 《노자》 1장

노자의 가르침

'도'는 모든 것을 포함하고 어디에든 존재하는 우주의 본체이자 만물을 존재하게 하고 변화를 초래하는 궁극적인 힘으로 정의할 수 있다. 따라서 인간은 '도' 본체의 일부에 지나지 않는다. '도'의 일부에 불과한 인간이 '도' 전체를 설명할 수 없음은 당연하다. 예를 들어 교차로에 서 있는 사람에게 동시에 사방팔방으로 걸어가게 한다든지, 자신의 머리카락을 스스로 끌어당겨 공중에 매달리라고 하는 모순이 발생한다.

즉 '도道로서 설명할 수 없는' 것은 '도道로 설명할 수 있는' 모든 것의 출발점이고, 인간이 반드시 맞닥뜨려야 하는 현실이자 그 배경이기도 하다.

노자는 《주역》의 '천인합일'天人合一적 우주관을 필수불가결한 전제로 여겼으므로, '도道로서 설명할 수 있는' 《주역》과 '도道로서 설명할 수 없는' 자연이 훌륭하게 결합되었다.

《주역》은 천지의 법칙에 따르고, 천지만물에 두루 작용한다.
-《주역》계사상전

"도道와 하나가 되면 도 또한 그를 얻어 기뻐하고, 덕德과 하나가 되면 덕 또한 그를 얻어 기뻐한다"(《노자》 23장). 《주역》이라는 '비상도'非常道는 무어라고 규정하기 어려운 자연의 '도'와 예기치 않게 만나, 그 이론적 성취가 완성되고 동양문명 속에서의 보편적 지위를 획득하였다.

노자가 말한 '비상도'非常道와 '비상명'非常名의 '상'常은 본래 원작에서는 '항'恒이었다. 현행본에서 '상'으로 바뀐 이유는 한나라 문제文帝 유항劉恒의 이름과 같다는 이유로 고쳤기 때문이다. '항'恒의 의미는 '전'全이다.

도道와 기氣

그렇다면 '도'는 무엇으로 이루어졌을까? 도의 기본물질은 무엇인가? 보거나 만져 볼 수 있을까?

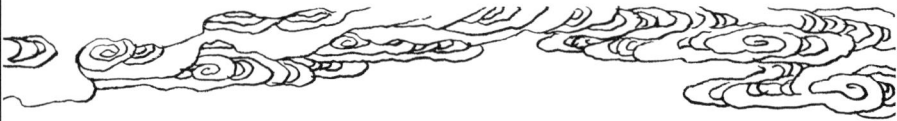

큰 덕을 지닌 사람은 모두 도를 따른다.
도는 있는 듯 없는 듯 구체적인 형태가 없다.
분간할 수 없는 흐릿함 속에도 보이는 형상이 있고,
만질 수 있는 실체가 있다. 심오하고 그윽한
그 속에 만물의 뿌리인 영묘한 정기가 들어 있다.
그 정기는 다시없이 참된 것이며, 그 참된 도리에
의해 만물의 움직임이 비롯되었다. 예나 지금이나
'도'는 한결같이 존재하며, 그 기능에도 변함이
없다. '도'로 인해 우리는 만물이 어떻게
시작되었는지를 알 수 있다.

- 《노자》 21장

만약 우리가 '이것'을 우주를 구성하는 기본요소라고 생각한다면, 노자가 설명한 내용과 동양 철학 및 과학의 역사를 돌이켜볼 때, 의심의 여지 없이 '기'氣를 가리킨다는 사실을 알 수 있다.

서양의 실증과학과 달리 동양 변증과학은 기능을 중시한다. 서양과학이 우주를 구성하는 단위가 원소라는 논리구조 위에 세워져 있듯이, 동양의 전통적인 사고에서 우주를 구성하는 것은 '기'다.

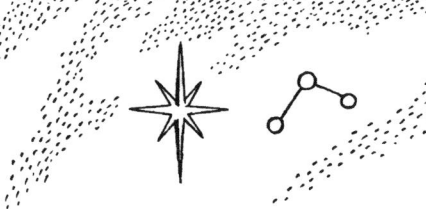

따라서 멀리서 빛나는 별은 기가 모인 것이라고 이해한다. 뿐만 아니라 손으로 만질 수 있는 모든 물체도 기가 모여 형성된 것이다.

예를 들어 한의학은 사람의 몸이 '기'가 모여 이루어진 것으로 설명한다. 물질의 변화과정인 기화氣化 활동이 정상인지 아닌지가 인체의 건강 여부를 결정한다. 질병의 본질은 기화 과정의 문제이며, 문제가 생기면 몸에 질병이 발생한다는 것이다.

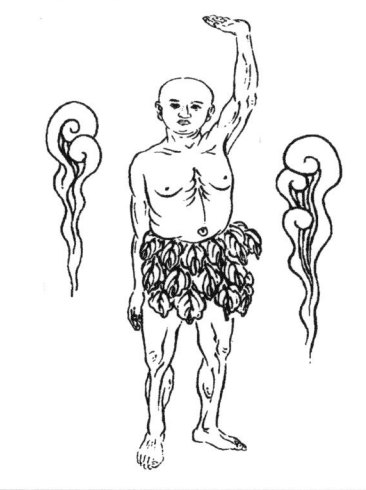

한의학에서는 '만병은 기에서 생긴다' '기가 조화롭지 못한 곳에 질병의 원인이 존재한다' '몸이 조화롭지 못하면 기의 균형이 무너진다'고 설명한다. 《황제내경》영추편에는 이렇게 쓰여 있다. '십이경맥은 사람의 생존을 위한 기관이요, 질병이 형성되는 경로요, 치료의 대상이요, 의학의 초보이자 끝이다.'

'기'는 '일'一이고, 후대에 '태을'太乙 또는 '태일'太一이라고 일컬었다. 노자가 '일一은 이二를 낳고, 이는 삼三을 낳고, 삼은 만물을 낳는다'고 했듯이, 천지만물의 근원이다. 도가만이 아닌 제자백가 대부분의 공통인식이었다. 보고 만질 수 있는 모든 것은 '일원적인 기'에서 발생한다고 생각했기 때문이다.

유有와 무無

'기'의 이런 특질은 더 많은 연상을 가능하게 한다. 큰 사전을 펼쳐보면 '기'氣와 같은 음에 같은 뜻을 지닌 한자가 하나 더 있다. 그것은 기炁다. 일반적으로는 같은 의미로 쓰이지만, 도가학설에서는 그 쓰임새가 다르다. 양생학은 기炁를 정신, 기氣를 육체에 존재하는 개념으로 이해한다.

선천의 '기'   후천의 '기'

기炁는 무형적인 '선천의 기'를 가리키고, 기氣는 기炁에서 생겨나 형태를 갖춘 '후천의 기'다. 둘은 서로 작용해 사람의 정신과 육체를 기른다. 기炁는 《노자》에서 우주의 본체를 설명할 때 등장하는 '무'無와 연결된다. 결국 노자가 말한 '무'는 '아무것도 존재하지 않는다'는 의미가 아니라, '선천의 기'에 해당하는 기炁라는 '비상'非常의 상태를 묘사한 것이다.

> 세상만물은 '유'有에서 생기고, '유'는 '무'無에서 생긴다.
> -《노자》 40장

노자

'무'가 아무것도 존재하지 않는다는 의미가 아닌 이유는, 아무것도 존재하지 않는 우주는 '관찰자'가 없는 우주이고, '관찰자'가 없는 우주는 아무런 의미도 없는 우주이기 때문이다.

사물을 인식하고 파악함에 있어 기능을 중시하는 변증과학의 특징 속에서 그 논리적 표현인 '기'는 동양의 전통적인 우주관과 일치한다. 모든 사물은 자연상태 그대로 손실 없이 유지되고, 자발적으로(무위) 최고의 경지까지 도달할 수 있다. 인간과 자연의 보편적인 관계도 인위적으로 분리되지 않는다.

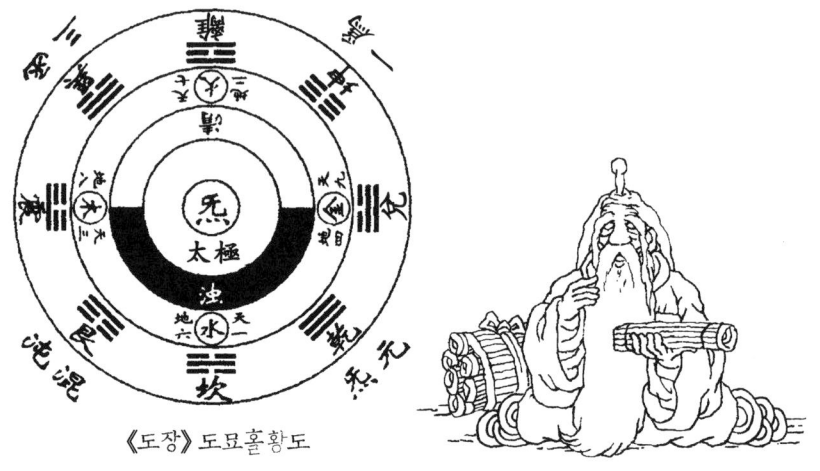

《도장》도묘홀황도

방법론적인 측면에서 《주역》은 '구고句股의 정리'를 지렛대 삼고 시간과 공간을 활용해 세상만물의 기능을 통일적으로 이해하는 논리체계이다.

분류	내용 장상오행 臟象五行	간상목 肝象木	심상화 心象火	비상토 脾象土	폐상금 肺象金	신상수 腎象水
천상 天象	방위	동	남	중	서	북
	계절	봄	여름	장하長夏	가을	겨울
	기후	바람	더위	습기	건조	추위
지상 地象	성수星宿	목성	화성	토성	금성	수성
	오축五畜	닭	양	소	말	돼지
	오곡	맥麥	서黍	직稷	곡穀	두료
	오색	청	적	황	백	흑
인사 人事	오미五味	신맛	쓴맛	단맛	매운맛	짠맛
	오장五臟	간장	심장	비장	폐장	신장
	오음五音	각角	치徵	궁宮	상商	우羽
	오관五官	눈	혀	입	코	귀
	오체五體	근육	맥박	살	피부/털	뼈
	오액五液	눈물	땀	침	콧물	가래
	칠정七情	분노/놀람	기쁨	생각	슬픔/우울	두려움

《주역》의 우주관과 통하는 가장 대표적인 사례는 중국 변증과학에서 원전의 의미를 지닌 《황제내경》이다. 《노자》에서는 '무위'無爲의 사상으로 책의 도처에 반영되어 있다.

《노자》가《주역》과 '기'를 직접 언급하지 않은 이유는 명확하지 않다. 하지만 이들 사이에 내용적으로 긴밀한 관계가 있음은 충분히 증명되고 있다.《노자》와《주역》은 중국문화의 토대일 뿐 아니라, 이들로 인해 경험과 직관이라는 오류에서 벗어나 세계문명사의 흐름 속에서 자립이 가능했다. 노자는《주역》에 대한 탐구와 논증을 통해 그 철학적 깊이를 심화시켰다.

《주역》복희64괘방위도

노자의 가르침

인간 활동의 궁극적인 목표가 영혼의 평화와 완전성을 위한 것이라면, 그것이 가능한 이론을 구축한 문화만이 요구를 채워주는 적절한 원칙을 제공할 수 있다. 수천 년의 역사를 간직한 중국문화와 그 중의 유교, 도교 학설은 이러한 문화의 원형과 이론을 제공해주었다.

인간은 점진적인 진화과정을 통해 이성적인 존재가 되고, 사회생활 속에서 문화적 소양과 사상을 획득함으로써 사회적 균형감각을 갖추게 된다. 이러한 균형이 붕괴되면 합리성이 사라지고, 자신감과 관용의 마음도 잃게 된다.

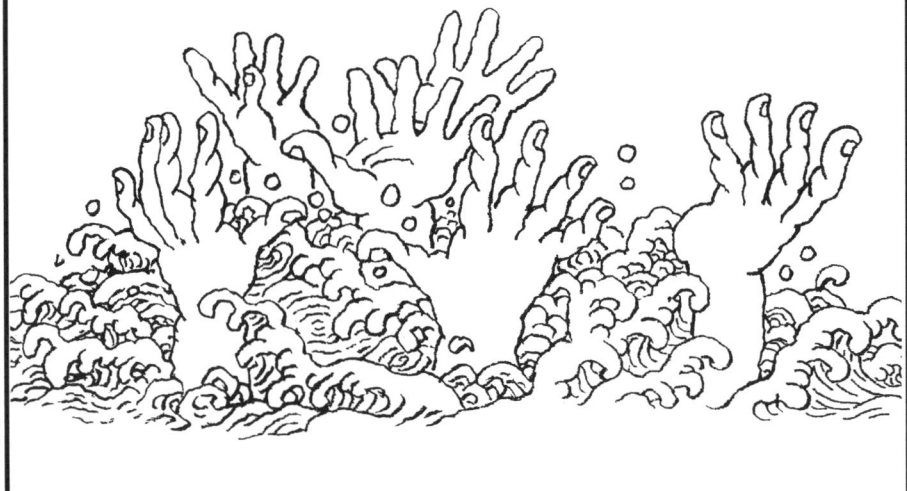

오늘의 문화가 단순하고 직관적인 이유는 현대인의 시야가 지나치게 좁은데다 자연과 인간이 서로 다른 존재라는 '천인상분'天人相分의 사상에 입각해 있기 때문이다. 아울러 '천인합일'天人合一을 비이성적이고 비과학적이라고 생각하는 까닭이다.

'하늘과 사람의 대립'은 긴 역사의 흐름에 비추어볼 때 극히 비정상적인 일시적 행위에 지나지 않는다는 점을 잊은 것 같다. 이러한 행위에서 파생된 문화와 가치관은 분명 한계가 있고, 보편적인 의의를 지닐 수 없다. 인류가 해결해야 할 문제를 끝없이 만들어낼 뿐이다. 자연과의 조화를 강조한 노자의 가르침을 한번 더 깊이 성찰한다면, 지구와 그 속에서 살아가는 생명체들이 당면한 지금의 위기를 해결하는 지혜를 얻을 수 있을 것이다.

도가와 유가

나라는 작고 백성은 적어, 비록 문명의 이기利器가 많아도 사용하지 않도록 한다. 모두들 생명을 소중히 여겨 먼 길 떠나는 모험을 하지 않도록 한다. 그러니 배와 수레가 있어도 탈 필요가 없다. 비록 군대도 있고 장비도 있지만 전쟁을 벌일 곳이 없다. 백성들이 다시 먼 옛날로 돌아가 새끼줄을 엮어 문자를 대신하도록 한다.(《노자》 80장)

'소국과민'小國寡民은 노자의 주장 가운데 가장 논란을 불러일으키는 개념 중의 하나다. 흔히 소극적이고 복고퇴영적이어서 현실적 의의를 갖추지 못했다고 지적되어왔다. 그러나 《주역》의 관점에서 보자면 노자의 생각은 '무위無爲의 정치' 곧 자연에 부합하는 자치의 원형이자 이상국가를 지향하는 것임을 알 수 있다.

소국과민

노자가 말하는 '소국'小國은 인위적으로 규모를 작게 제한한 나라가 아니라, 지리적 환경과 역사문화를 배경으로 형성된 '자연국가'이다.

배, 수레를 비롯한 필수적인 도구와 군대를 통일하는 정도의 가장 단순한 형태의 나라에서는 백성들이 '거친 음식도 달게 먹고, 자신이 만든 옷을 즐겨 입고, 자신의 생활에 만족하고, 살아온 습속대로 삶을 즐긴다'는 것이다.

따라서 노자의 사상을 소극적이고 복고퇴영적이라고 부르는 것은 검토할 여지가 있다. 노자의 사상은 공자의 사상과 마찬가지로 평온하고 즐겁고 정신적으로 완성된 삶을 추구하고 있기 때문이다.

유가학설은 '예불왕교'禮不往教 개념을 대단히 중시한다. 자신의 문화나 가치관을 남에게 강요하지 않는 정신이다.

이 같은 생각은 오늘날에도 인류가 받아들이고 따라야 할 중요한 사상적 자산이다.

"하늘의 도리가 경시되면서 인의仁義가 중시되었다. 지혜가 나타난 다음에 속고 속이는 일이 생겼다. 부모, 형제, 부부가 불화하면 효나 자애가 귀감이 된다. 나라가 어지러울 때 충신이 태어난다."《노자》18장) 하나같이 현실적 의의를 지닌 것들에 대한 언급이다. '겉모습은 꾸밈없이 수수하게, 내면은 소박한 그대로' 같은 참된 '인의'를 설명하는 표현에서도 유가사상이 투영된 흔적을 발견할 수 있다.

'유가와 도가는 상호보완적이다.' '유가와 도가는 본질적 의미에서 서로 대립하지 않는다.' 이렇게 말하는 것도 수긍이 가는 대목이다.

중국 고유의 사상은 유가와 도가를 중심으로 형성되었다. 유가사상은 정신생활에 필요한 양식을, 도가사상은 정신생활에 필요한 양약良藥을 제공해주었다. 두 사상 모두 일상생활 속에서 발생하는 문제의 해결책을 제시한다는 공통점이 있다.

유가는 '유위'有爲를, 도가는 '무위'無爲를 중시한다. 유위든 무위든 관계없이 그 핵심은 '도'道의 법칙에 따라 인격적 수양을 도모하고, 서로 협력하며 불화를 일으키지 않는 것이다.

'도'는 무엇인가

《노자》에서 설명하는 주요한 내용은 '도'道와 '덕'德이다. '도'는 전체 5천여 자 가운데 74회나 등장한다.

'도'의 본뜻은 길이에요. 《설문해자》는 '도는 왕래하는 길'이라고 풀이하고 있지요.

결국 길을 따라 걷는 것을 '도'라고 하며, '득도'得道라는 표현도 사용한다. 더 나아가 만물의 생사에 관한 법칙도 '도'라고 일컫는다. 《장자》에 '도는 이'理, 《한비자》에 '도는 만물의 근거이며 만 가지 이치의 근원'이라는 표현이 보이는 이유다.

'도'는 '수'首(수령, 머리, 사람)와 '주'走(걷기)가 합쳐 이루어진 글자다. '수령이 걸어간 곳' 또는 '생각의 갈래'로 해석할 수 있다.

노자학설에서 '도'는 형이상학적 지위를 획득해 가장 높은 범주의 사상으로 자리잡았다. 사물의 존재와 변화의 법칙이자 운동과 변화를 촉진하는 내재적 힘이다.

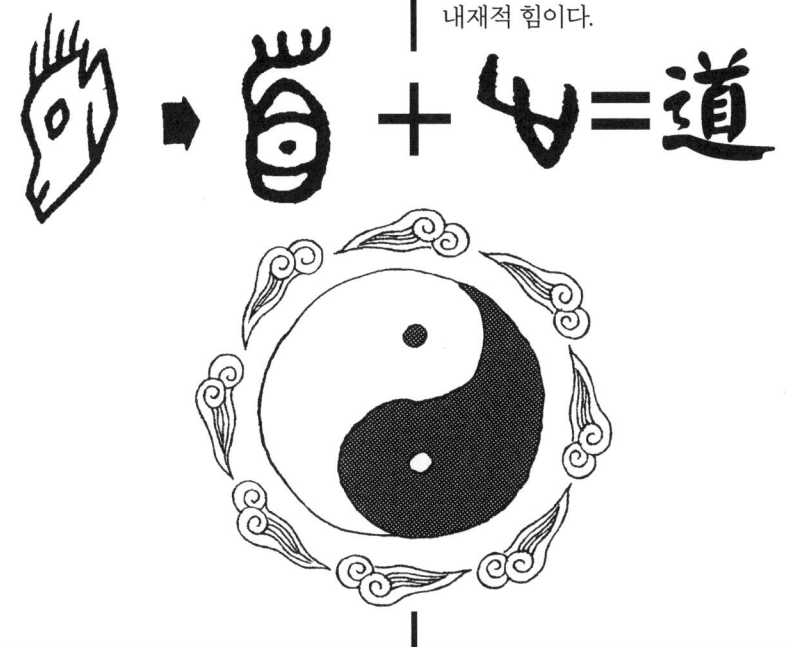

동시에 '도'는 만물의 근원을 가리키기도 한다. 시간과 공간의 경계를 초월해 영원히 독립적으로 운행하며, 전혀 변화하는 일 없이 만물을 창조하고 기르는 어머니다.

노자에 따르면 사람은 땅을 본받고, 땅은 하늘을 본받고, 하늘은 '도'를 본받고, '도'는 자연을 본받는다. 결국 내재적 법칙에 의해 사물의 존재와 운동이 결정될 뿐, '신'(神)과 같은 다른 존재의 힘에 의해 결정되는 것이 아니다.

신과 인간과 만물은 모두 '도'의 원칙에 따른다. '도' 하나의 작용에 의해 우주만물이 생겨났다. 하늘은 하나를 얻어 청명하다. 땅은 하나를 얻어 평온을 유지한다. 신은 하나를 얻어 영험하고, 골짜기는 하나를 얻어 충만하다. 만물은 하나를 얻어 생장을 계속한다. 군주는 하나를 얻어 세상을 바르게 다스린다.

'덕'은 무엇인가

《노자》 하편은 '덕'德을 설명하고 있다. '덕'을 언급한 곳이 모두 44곳에 이른다. '도'가 의지도 없고 정감도 없는 사물의 운동과 변화에 대한 법칙이라면, '덕'은 인간의 모든 행동을 자연에 따르게 하고, 억지의 인위적인 행위가 아닌 '무위'의 경지로 이끌어준다.

갑골문에서 '덕'德의 본래 의미는 직진을 가리키며, 글자의 형태는 현재의 '순'循에 가깝다.

오른쪽 칸의 고증은 현대 학자 하신何新의 《도덕고의》에서 인용한 것이에요.

송대의 책 《집운》에 의하면 치值와 척陟은 같은 글자이고, 직성直聲을 의미한다. '직'은 바르다는 뜻이며, 본래 덕德이나 득得과 발음이 같았다. 결국 '치'는 '덕'의 초기 문자이자 본래의 의미다. 청대의 학자 전대흔도 "고대에는 '직'을 '덕'처럼 발음했다. '덕'과 '직'은 같은 음인데, 음이 분리되었다"고 해설하였다.

노자의 가르침

《장자》의 '덕德을 따라야 할 준칙으로 삼는다'以德爲循 구절에는 '순循'에서 알 수 있듯이 '덕'의 옛 의미가 남아 있다. 그 후 '덕'의 본의미는 '순'巡자 속에 남게 되는데, 《설문해자》는 '순巡은 시찰'이라 하였다.

글자 모양이 서주시대에 '덕'德으로 변하고, 의미도 크게 변했다. 글자 속의 '마음 심'心에 주목하자.

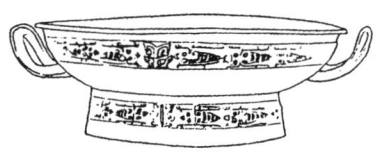

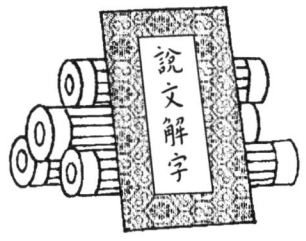

《좌전》에는 '마음에 덕이 있다' 하였으며, 《주례》에는 '덕행이란 마음 안팎의 모습이다. 마음속에 덕이 있다'고 하였다.

《관자》는 '유덕함은 행실의 아름다움을 말한다' 하였으며, 《사시편》은 '덕은 현인이 몸에 지닌 것'이라고 말하고 있다.

요약하자면 상나라 시대 '덕'의 의미는 순시나 바르게 보고 걷기였는데, 주나라 시대에 정직, 선량한 심성 등으로 변한 것이죠.

도덕道德 두 글자는 모두 사람의 행위에서 비롯되었고, 주나라 때부터 인물을 평가하는 판단기준으로 사용되었다. 바른 길을 걸으면 '유도'有道, 바른 길에 역행하면 '무도'無道라고 일컬었다. 정직한 사람을 '유덕자' '명덕'明德 등으로, 도리에 어긋나는 사람을 '혼덕'昏德, 사악한 사람 등으로 평가했다.

따라서 '덕행'德行이란 '도에 따르는 행위'이고, 노자학설 중의 이른바 '무위'의 이념을 실천하는 것이다. '무위'가 포함하는 범위는 몸과 마음을 수양하는 일부터 집안을 평온하게 만드는 일, 나라를 다스리는 일까지 광범위하다.

무위란 생활에 꼭 필요한 일도 하지 않는 다거나 전혀 아무 일도 하지 않는 것이 아니라, 자연의 섭리에 따른다는 의미다. 무슨 일을 하더라도 무리하지 않고, 제멋대로 하지 않는 것이다.

그래서 아무것도 하지 않는 듯하지만 못하는 것이 없다. '덕'의 힘이 세고 군왕이 무위를 실천하면, 세상은 자발적으로 그에게 복종할 것이다. 성인이 무위의 덕을 지니면 무슨 일이든 이룰 수 있다.

보통사람이 이러한 경지에 이르면 정신적으로 의탁할 곳이 생겨 자신감과 여유를 갖게 된다.

노자

상편 도

道

道可道,非常道;
名可名,非常名。
無,名天地之始;
有,名萬物之母。

제1장 도는 말로 표현할 수 없다

道可道도가도, 非常道비상도, 名可名명가명, 非常名비상명.
無무, 名天地之始명천지지시, 有유, 名萬物之母명만물지모.
故고, 常無欲以觀其妙상무욕이관기묘,
常有欲以觀其徼상유욕이관기요.
此兩者同出而異名차량자동출이이명.
同謂之玄동위지현, 玄之又玄현지우현, 衆妙之門중묘지문.

그 구체적인 형상을 말로 표현할 수 있는 '도'道는 영원히 변하지 않는 진정한 도가 아닙니다. 사물의 구체적인 특징을 가리키는 '이름'名은 영원히 변하지 않는 진정한 이름이 아니다.

'무'無는 천지의 시작이다. 먼저 '무'가 있어야 천지가 시작될 수 있다. '유'有는 만물의 근본이다. 일단 '유'가 있어야 만물이 생성할 수 있다.

그래서 무욕無欲의 마음을 지니게 되면 언제나 천지의 오묘함을 살필 수 있다.

노자

반대로 욕심을 갖게 되면 언제나 만물의 활동 자취를 살피는 데서 머물게 된다.

'유'有와 '무'無는 같은 뿌리이면서 표현이 다를 뿐이다.

둘 다 이렇듯 신비하고 황홀하다. 한걸음 더 나아가 천지만물의 오묘함을 보여주는 문이다.

제2장 아름다움이 있어야 추함도 있다

天下皆知美之爲美천하개지미지위미, 斯惡已사오이;
皆知善之爲善개지선지위선, 斯不善已사불선이. 故고,
有無相生유무상생, 難易相成난이상성, 長短相形장단상형,
高下相傾고하상경, 音聲相和음성상화, 前後相隨전후상수.
是以聖人處無爲之事시이성인처무위지사,
行不言之敎행불언지교. 萬物作而不始만물작이불시,
生而不有생이불유, 爲而不恃위이불시, 功成而弗居공성이불거.
夫唯弗居부유불거, 是以不去시이불거.

세상사람이 다 아름다움이 무엇인지 알 때 추하다는 개념도 생긴다.

세상사람이 다 선善이 무엇인지 알 때 악惡의 개념도 생긴다.

이렇듯 '유'有의 이면에는 '무'無가 있고, '무'의 이면에는 '유'가 있다. '유'와 '무'는 서로 대립하면서 상대가 있기 때문에 생기는 것이다.

어려움을 느껴야 무엇이 쉬운지 알 수 있고, 쉬움을 알아야 어려움을 느낄 수 있다. 어려움과 쉬움은 서로 비교되는 속에서 발생한다.

음계와 선율은 대립 속에 통일이 있기 때문에 조화를 이룬다.

길고 짧음은 서로가 형태를 드러내야 비교되고, 높고 낮음도 마찬가지다.

앞과 뒤는 서로가 있기 때문에 순서가 생긴다.

그래서 성인은 '무위'無爲의 자연법칙을 따르고, 자신의 주장을 내세워 세상사를 처리하지 않는 '불언'不言의 가르침을 행한다.

상편 도道

천지가 자연법칙에 순응해 만물을 생육할 뿐 함부로 간섭하지 않는 것과 마찬가지다.

만물을 키웠다고 자랑하지 않고, 자신의 것으로 여기지도 않는다.

큰 공로를 세웠음에도 불구하고 그것을 내세워 자랑하지 않기 때문에, 그의 공은 결코 묻히지 않을 것이다.

제3장 탐욕이 생기지 않게 하라

不尙賢불상현, 使民不爭사민부쟁;
不貴難得之貨불귀난득지화, 使民不爲盜사민불위도;
不見可欲불견가욕, 使民心不亂사민심불란.
是以聖人之治시이성인지치, 虛其心허기심, 實其腹실기복,
弱其志약기지, 强其骨강기골,
常使民無知無欲상사민무지무욕.
使夫智者不敢爲也사부지자불감위야.
爲無爲위무위, 則無不治즉무불치.

총명하고 잘난 사람을 특별히 떠받들지 않으면 백성들 사이에 분쟁이 생기지 않고, 희귀한 물건을 소중히 여기지 않으면 백성들 사이에 도둑질이 생기지 않는다.

유혹을 느낄 만한 것을 주지 않으면 백성은 헛된 생각을 하지 않는다.

노자

그러므로 성인이 천하를 다스리는 방법은 백성의 마음을 정화하면서도 배부르게 하는 것이다. 욕망을 절제시키고, 능력을 발휘할 수 있는 신체를 튼튼히 해주어야 한다.

백성이 거짓되고 교활한 마음에 빠져 탐욕이 생기지 않게 하라. 이렇게 하면 독선적인 야심가라도 감히 행패를 부리지 못할 것이다.

이런 청정무위의 원칙으로 사회와 국가를 다스린다면 훌륭하게 다스리지 못할 것이 없다.

제4장 도는 우주의 주재자

道도, 沖而用之충이용지, 或不盈혹불영.
淵兮연혜, 似萬物之宗사만물지종.
挫其銳좌기예, 解其紛해기분, 和其光화기광,
同其塵동기진. 湛兮담혜, 似或存사혹존.
吾不知誰之子오부지수지자, 象帝之先상제지선.

'도'道는 비어 있으며 그 형체가 없다. 하지만 만사만물의 무궁한 원천으로, 밑도 끝도 없는 심연처럼 헤아릴 수 없으니 우주의 주재자답다.

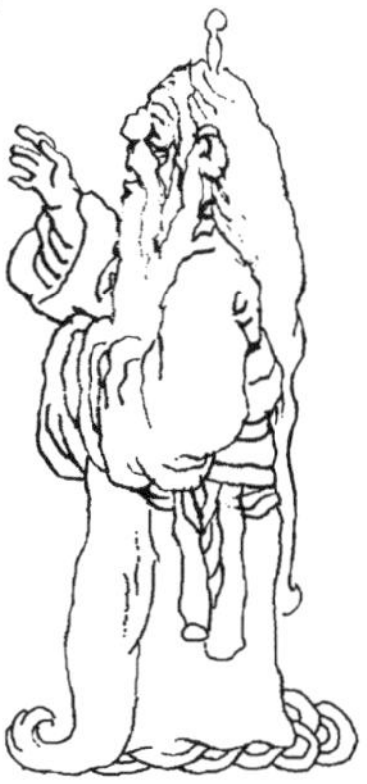

도는 영원히 그 예봉을 드러내지 않고도 번잡함과 세상의 혼란을 간단히 통제할 수 있다.

일체의 편견이 없어 빛을 만나면 빛과 포옹하고, 먼지를 만나면 먼지와 뒤섞여 하나가 된다.

도는 비어 있어 아무것도 없는 것처럼 보이지만 사실은 어디에나 존재한다. 도가 어디에서 생긴 것인지는 잘 모른다. 아마도 우주를 다스리는 천제天帝 이전부터 있었던 것 같다.

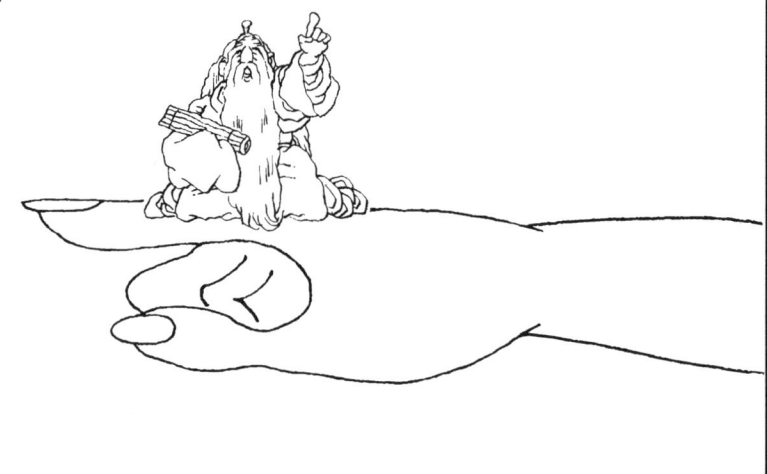

제5장 하늘과 땅 사이는 풀무와 같다

天地不仁천지불인, 以萬物爲芻狗이만물위추구;
聖人不仁성인불인, 以百姓爲芻狗이백성위추구.
天地之間천지지간, 其猶橐籥乎기유탁약호?
虛而不屈허이불굴, 動而愈出동이유출.
多言數窮다언수궁, 不如守中불여수중.

천지는 무위자연無爲自然이라서 인애仁愛와는 관계없다. 만물의 생사도 자연이 행하는 대로 맡겨져 있다. 마치 사람들이 제사때 사용하는 풀 강아지를 대하듯, 편애하지도 가볍게 대하지도 않는다.

제6장 하늘과 땅의 근본

谷神不死곡신불사,
是謂玄牝시위현빈.
玄牝之門현빈지문,
是謂天地根시위천지근.
綿綿若存면면약존,
用之不勤용지불근.

골짜기의 신은 물을 콸콸 쏟아내는 영원한 생명을 지니고 있다. 천지만물이 생겨나는 그 골짜기의 문, 신비한 자궁이 하늘과 땅의 근본이다. 형체가 없으면서 끝없이 움직임을 반복하는 그 속에서 만물은 차례차례 탄생하기를 계속한다.

제7장 사사로운 욕심을 버려야 빛난다

天長地久천장지구.
天地所以能長且久者천지소이능장차구자,
以其不自生이기불자생, 故能長久고능장구.
是以聖人後其身而身先시이성인후기신이신선,
外其身而身存외기신이신존, 非以其無私邪비이기무사사?
故能成其私고능성기사.

하늘은 일찍부터 있었고, 땅도 일찍부터 있었다. 하늘과 땅은 모두 영원한 존재다.

노자

하늘과 땅이 영원할 수 있는 것은 스스로 오래 존재하려고 몸부림치지 않기 때문이다. 그것이 역으로 스스로를 영원한 존재로 만들었다.

성인은 매사에 겸손하고 사람들에게 양보하기 때문에 도리어 모두의 존경을 받는다.

사사로운 욕심을 버려야 오히려 자신의 이름이 빛나는 법이죠.

자신의 안위를 돌보지 않기 때문에 도리어 최대한의 안전이 보장된다.

제8장 최상의 선은 물과 같다

上善若水상선약수. 水善利萬物而不爭수선리만물이부쟁.
處衆人之所惡처중인지소오, 故幾於道고기어도.
居善地거선지, 心善淵심선연, 與善仁여선인,
言善信언선신, 正善治정선치, 事善能사선능. 動善時동선시.
夫唯不爭부유부쟁, 故無尤고무우.

최고의 도덕성을 지닌 사람은 물에 비유할 수 있다. 물은 만물을 자애롭게 키우면서 만물과 결코 다투는 법이 없다.

물처럼 유연성이 풍부할 뿐 아니라, 자신보다 주위를 우선하고, 스스로 자신을 낮춘다. 이런 덕목을 갖추게 되면 진정한 도에 가까워진다.

이런 사람은 모두가 싫어하는 낮은 자리에 있어도 마음이 동요되는 일이 없다. 마치 낮은 곳을 찾아가는 물의 속성을 연상시킨다. 마음이 평온한 모습은 깊은 연못의 고요함을 닮았다.

즐거이 남을 돕는 모습은 사람을 이롭게 해주는 물을 닮았고, 신의를 지키는 모습은 물처럼 진실하다.

자연의 순리에 순응하는 물의 속성에 따라 정의로움으로 나라를 다스려 어지러움이 없게 하고, 능숙하고 결단성있게 일을 처리한다.

일단 행동에 나섰을 때 기민하게 움직이는 모습은 물처럼 어디를 가든 무적이다.

물처럼 누구와도 옥신각신하지 않기 때문에 누구의 비난도 사지 않는다.

제9장 그릇이 가득 차면 넘친다

持而盈之지이영지, 不如其已불여기이.
揣而銳之취이예지, 不可長保불가장보.
金玉滿堂금옥만당, 莫之能守막지능수.
富貴而驕부귀이교, 自遺其咎자유기구.
功遂身退공수신퇴, 天之道천지도.

그릇에 물건이 너무 가득 차면 넘칠 수 있다. 어떤 일이든 적당히 멈출 줄 알아야 한다.

너무 예리하게 간 칼은 오래 가지 못한다.

상편 도道

아무리 금옥보화가 집안에 가득 쌓여도 그것을 언제까지나 유지할 수 있는 사람은 없다.

부귀를 쌓아 교만해지면 반드시 스스로 화를 부르게 된다.

사업에 성공하고 명성이 자자해지면 과단성 있게 용퇴할 줄 알아야 한다. 그것이 자연의 도를 따르는 길이다.

제10장 마음을 거울처럼 맑게 할 수 있는가

載營魄抱一재영백포일, 能無離乎능무리호?
專氣致柔전기치유, 能嬰兒乎능영아호? 滌除玄覽척제현람,
能無疵乎능무자호? 愛民治國애민치국, 能無知乎능무지호?
天門開闔천문개합, 能無雌乎능무자호? 明白四達명백사달,
能無爲乎능무위호? 生之畜之생지축지, 生而不有생이불유,
爲而不恃위이불시, 長而不宰장이부재, 是謂玄德시위현덕.

영혼과 육체를 하나로 만들어 영원히 분리되지 않게 할 수 있는가?

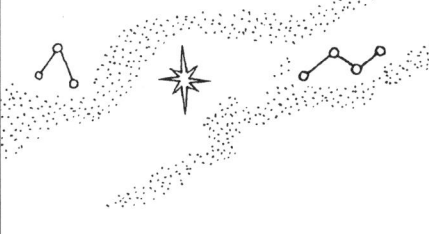

정신과 기력을 온화하게 조화시켜 갓 태어난 아기처럼 순박하게 만들 수 있는가?

마음의 어지러움을 깨끗이 씻어 티끌 하나 묻지 않은 거울처럼 맑게 할 수 있는가?

제11장 비어 있어야 쓸모 있다

三十輻삼십복, 共一轂공일곡,
當其無당기무, 有車之用유거지용;
埏埴以爲器연식이위기, 當其無당기무,
有器之用유기지용; 鑿戶牖以爲室착호유이위실,
當其無당기무, 有室之用유실지용.
故고, 有之以爲利유지이위리, 無之以爲用무지이위용.

서른 개의 바퀴살이 바퀴 하나를 이루고 있다. 바퀴 중간에 빈 곳이 있어야 수레바퀴를 조립할 수 있고, 수레가 제 역할을 한다.

노자

흙을 이겨 도기를 만들 때는 그릇 안쪽을 비운다. 그래야 물건을 저장하는 기능을 한다.

집을 지을 때는 벽을 뚫어 문과 창을 낸다. 그래야 공기가 통하고 사람이 거주할 수 있다.

이처럼 형체가 있는 것이 쓸모 있는 것은 형체가 없는 것이 뒷받침해주기 때문이다.

제12장 오색찬란한 색채는 눈을 어지럽힌다

五色令人目盲오색령인목맹, 五音令人耳聾오음령인이롱,
五味令人口爽오미령인구상, 馳騁畋獵치빙전렵,
令人心發狂영인심발광, 難得之貨난득지화,
令人行妨영인행방. 是以聖人爲腹不爲目시이성인위복불위목.
故去彼取此고거피취차.

오색찬란한 색채는 사람의 눈을 어지럽게 한다.

아름다운 음악이 끊이지 않고 들려오면 청각이 마비되죠.

노자

상편 도도

맛있는 음식을 계속 먹으면 입맛을 버리게 된다.

말을 타고 나가는 사냥에 취하다 보면 사냥에만 정신이 팔리게 된다.

그래서 도덕 수양을 쌓은 성인은 단순한 삶을 숭상하며, 욕심이 생기지 않도록 경계한다.

귀중하고 얻기 어려운 재물은 마음에 욕심이 생기게 한다.

외부의 유혹을 떨쳐버림으로써 마음의 안녕과 평온을 확보하는 것이다.

제13장 공명심이 지나치면 불안에 떨게 된다

寵辱若驚총욕약경, 貴大患若身귀대환약신.
何謂寵辱若驚하위총욕약경? 寵爲上총위상, 辱爲下욕위하 得之若驚득지약경,
失之若驚실지약경, 是謂寵辱若驚시위총욕약경. 何謂貴大患若身하위귀대환약신?
吾所以有大患者오소이유대환자, 爲吾有身위오유신. 及吾無身급오무신,
吾有何患오유하환? 故고, 貴以身爲天下귀이신위천하, 若可寄天下약가기천하;
愛以身爲天下애이신위천하, 若可託天下약가탁천하.

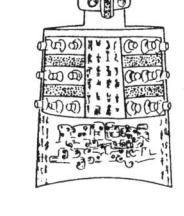

공명심이 지나치면 하루종일 불안에 떨게 된다. 온종일 걱정하다 보면 정말로 재앙을 끌어들일 수 있다.

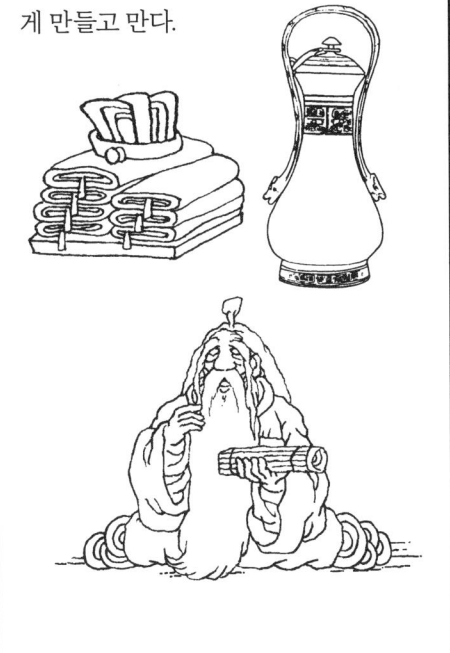

총애와 굴욕은 사람을 불안하게 만든다. 총애를 받으면 고상해 보이고, 굴욕을 당하면 초래해 보인다. 하지만 총애를 받아도 그것을 잃을까봐 걱정하게 되므로, 결국 두 경우 모두 사람을 불안하게 만들고 만다.

상편 도도

큰 우환을 내 몸처럼 귀하게 여긴다는 말은 무슨 뜻인가? 몸에 재앙이 생길까봐 걱정하는 것은 자신의 몸에 집착하기 때문이다. 육체와 나를 동일시하는 상태에서 벗어날 수 있다면, 무슨 우환이 있겠는가?

그래서 자신의 생명보다 천하를 더 소중히 여기는 사람이라야 천하의 사명을 맡을 수 있다.

자신의 생명을 사랑하는 이상으로 천하를 사랑해야 천하의 책임을 맡을 수 있다.

제14장 도의 법칙

視之不見시지불견, 名曰夷명왈이; 聽之不聞청지불문,
名曰希명왈희; 搏之不得박지부득, 名曰微명왈미.
此三者차삼자, 不可致詰불가치힐. 故混而爲一고혼이위일.
其上不皦기상불교, 其下不昧기하불매. 繩繩不可名승승불가명,
復歸於無物복귀어무물. 是謂無狀之狀시위무상지상,
無物之象무물지상, 是謂恍惚시위황홀. 迎之不見其首영지불견기수,
隨之不見其後수지불견기후. 執古之道집고지도,
以御今之有이어금지유. 能知古始능지고시, 是謂道紀시위도기.

보려고 해도 보이지 않는 것은 형체가 없기 때문이다. 들으려 해도 들리지 않는 것은 소리가 없기 때문이다. 만지려 해도 만질 수 없는 것은 자취가 없기 때문이다. 이 세 가지를 따로따로 구별할 수 없는 것은 본래 혼연일체가 되어 있기 때문이다.

위에 있다고 해서 밝은 것도 아니고, 아래 있다고 해서 어두운 것도 아니다. 실타래가 이어지듯 이어져 오는데 인과관계를 알기 어려워 이름조차 붙일 수 없다. 결국 다시 '무'의 세계로 돌아가고 만다. 그것은 형상이 없는 형상, 물질의 차원을 초월한 천인합일의 형상이라고 할 수 있다.

앞에서 보면 머리가 보이지 않고, 뒤쪽에서 보면 꼬리가 보이지 않는다.

오늘날까지 전해지는 옛 도道에 따라 현재의 사물을 파악하면 우주의 본질을 이해할 수 있다. 이것이 '도의 법칙'이다.

제15장 누가 세상을 밝은 곳으로 만들어줄까

古之善爲道者고지선위도자, 微妙玄通미묘현통, 深不可識심불가식.
夫唯不可識부유불가식, 故强爲之容고강위지용:
豫焉예언, 若冬涉川약동섭천, 猶兮유혜, 若畏四隣약외사린,
儼兮엄혜, 其若客기약객, 渙兮환혜, 若氷之將釋약빙지장석,
敦兮돈혜, 其若樸기약박, 曠兮광혜, 其若谷기약곡,
混兮혼혜, 其若濁기약탁, 孰能晦以理之徐明숙능회이리지서명?
孰能濁以靜之徐淸숙능탁이정지서청?
孰能安以動之徐生숙능안이동지서생?
保此道者不欲盈보차도자불욕영.
夫唯不盈부유불영, 故能蔽而新成고능폐이신성.

노자

도를 깊이 깨우친 옛적의 도인은 그 경지가 깊고 오묘해 보통사람은 가까이 다가갈 수조차 없었다.

보통사람은 이해할 수 없는 존재이지만, 억지로나마 다음과 같이 설명할 수 있을 것이다. 우선 그 신중한 태도는 언 강을 건너는 듯하다.

그 주의 깊음은 마치 적이 주위를 에워싸고 있는 듯하다.

엄숙한 태도는 다른 나라를 방문한 사절을 연상시킨다.

온화하고 부드러운 자세는 봄바람에 얼음이 녹는 듯하다.

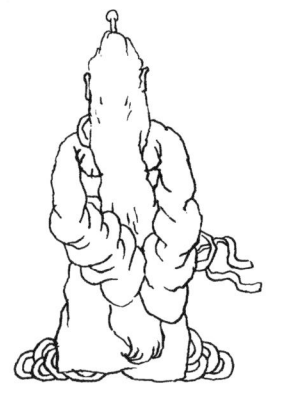

꾸밈 없는 자연스러움은 마치 천연 그대로의 옥 덩어리 같다.

마음이 넓기는 마치 아득한 산골짜기 같다.

도량의 크기는 맑은 물과 흐린 물이 섞여 흐르는 강물 같고, 평온함의 깊이는 드넓은 바다와 같다.

자유분방한 모습으로 둥둥 떠가는 것이 장애를 두려워하지 않고 용감히 전진하는 듯하다.

과연 누가 어둠을 걷어내고 이 세상을 밝은 곳으로 만들어줄 것인가?

누가 탁한 강물을 진정시켜 점차 맑아지게 할 것인가?

누가 음울함을 물리치고 세상을 보다 활기찬 곳으로 만들어줄 것인가?

이런 득도한 사람만이 이 모든 것을 할 수 있다. 세상을 살아가는 분별력이 있기 때문이다. 현실에 만족하기를 바라지 않으므로 옛것을 지키고, 그것을 새로운 것으로 바꾸어갈 수 있다.

제16장 천도와 통하면 '도'와 일체가 된다

致虛極치허극, 守靜篤수정독, 萬物竝作만물병작, 吾以觀復오이관복.
夫物芸芸부물운운, 各復歸其根각복귀기근.
歸根曰靜귀근왈정, 是謂復命시위복명.
復命曰常복명왈상, 知常曰明지상왈명.
不知常부지상, 妄作망작, 凶흉. 知常容지상용, 容乃公용내공.
公乃王공내왕, 王乃天왕내천;
天乃道천내도, 道乃久도내구, 沒身不殆몰신불태.

도를 깨닫기 위해서는 마음을 비우고 욕망을 없애 오로지 마음의 고요를 유지해야 한다. 이렇게 되면 만물이 활발히 생장함으로써 나고 죽기를 반복하는 질서를 볼 수 있다.

만물은 헤아릴 수 없이 다종다양하지만, 반드시 자신이 시작된 지점으로 돌아간다. 이러한 회귀현상을 만물의 근원인 '도'로 돌아간다고 한다.

자연에서 유래하고 자연으로 돌아가는 이치가 '상'常이다. '상'의 이치를 이해하면 세상의 도리를 알 수 있게 되는데, 이를 가리켜 '명'明이라고 한다. '상'의 이치를 모르면 미망에 빠져 화를 부르게 된다.

'상'의 이치를 깨달으면 다른 사람에게 너그러워진다. 관용으로 사람을 대해야 공정하게 일을 처리한다.

일을 공정하게 처리해야 천하가 순종하게 되고, 천하가 순종해야 천도天道와 통하게 된다.

천도와 통하면 '도'와 일체가 되고, '도'와 일체가 되어야 태평한 세상이 오래도록 이어진다. 세상을 다하는 날까지 두려울 것이 없게 된다.

제17장 최상의 군주는 누구인가

太上태상, 不知有之부지유지;
其次기차, 親而譽之친이예지;
其次기차, 畏之외지;
其次기차, 侮之모지. 信不足焉신부족언,
有不信焉유불신언. 悠兮유혜, 其貴言기귀언.
功成事遂공성사수, 百姓皆謂我自然백성개위아자연.

최상의 군주는 나라를 다스릴 때 하늘의 도리에 순응하고, 세상의 물정에 맞는 정치를 하기 때문에, 백성들은 군주의 존재를 의식하지 못한다.

다음 단계의 군주는 백성을 사랑하고 선정을 베풀어, 백성들이 이구동성으로 칭찬한다.

그 아래 단계의 군주는 형벌을 통해 다스리므로, 백성들은 두려움 때문에 그를 멀리한다.	가혹한 형벌과 억압적인 정책을 펴는 군주에게 백성들은 적의를 보인다.
가장 나쁜 군주는 어리석음 때문에 백성들의 업신여김을 당하는 군주다.	최상의 군주는 말을 삼가고 신중히 하는 무위의 정치를 실현하고, 공을 이루어도 자신의 업적으로 내세우지 않는다.

그래서 일이 성사된 다음에야 백성들은 이렇게 말한다. 우리가 이룬 성과는 모두 자연히 이루어진 일일 뿐이다.

제18장 지혜가 있고 나서 속임수가 생겼다

大道廢대도폐, 有仁義유인의;
智慧出지혜출, 有大僞유대위;
六親不和육친불화, 有孝慈유효자;
國家昏亂국가혼란, 有忠臣유충신.

하늘의 도리가 경시되면서 인의仁義가 중시되었다. 따라서 하늘의 도리가 인의보다 커지면 다시 중시될 것이며, 인의 따위는 상관할 바 없다.

正義

노자

총명함과 지혜가 나타난 다음에 속고 속이는 일이 생겼다. 지혜가 있다고 간교한 것은 아니지만, 간교함은 반드시 재능과 지혜를 필요로 한다.

부모, 형제, 부부가 불화하면 효나 자애가 귀감이 된다. 단란한 가정에서는 어른을 공경하고 아이들을 사랑하는 것이 당연한 일이라서 거론할 나위조차 없다.

나라가 어지러울 때 충신이 태어난다. 나라의 기강이 바로 서 있을 때는 저마다 직무에 충실할 뿐이다.

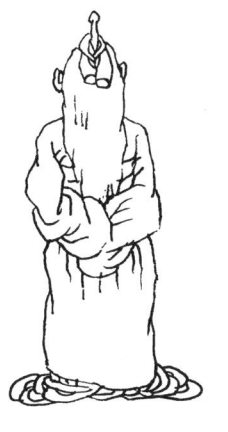

제19장 겉모습은 꾸밈없이, 내면은 소박하게

絶聖棄智절성기지, 民利百倍민리백배;
絶仁棄義절인기의, 民復孝慈민복효자;
絶巧棄利절교기리, 盜賊無有도적무유.
此三者차삼자, 以爲文이위문.
不足부족.
故令有所屬고령유소속: 見素抱樸견소포박,
少私寡欲소사과욕, 絶學無憂절학무우.

위정자가 재능과 지혜를 버리고 백성들로 하여금 자신의 삶을 살도록 하면 백성의 행복과 이익은 백 배가 된다.

거짓 인仁과 의義를 버리면 백성은 자연히 노인을 공경하고 어린이를 사랑하게 된다.

매혹될 만한 물건을 없애고 이기심을 버리면 도둑이 생길 리 없다.

이상의 세 가지를 버려야 인류는 비로소 자신감과 여유를 갖게 될 것이다.

하지만 지금까지의 설명만으로는 부족하고 좀 더 근본적인 자세가 필요하다. 그것은 겉모습은 꾸밈없이 수수하게, 내면은 소박素朴한 그대로 두는 일이다. 그럼으로써 사심을 줄이고 욕망을 버리는 경지에 이를 수 있다.

제20장 내가 다른 사람들과 다른 이유

唯之與阿유지여아, 相去幾何상거기하? 善之與惡선지여악,
相去若何상거약하? 人之所畏인지소외, 不可不畏불가불외!
荒兮황혜, 其未央哉기미앙재! 衆人熙熙중인희희,
如享太牢여향태뢰, 如春登臺여춘등대. 我獨泊兮아독박혜,
其未兆기미조, 如嬰兒之未孩여영아지미해;
儽儽兮내내혜, 若無所歸약무소귀. 衆人皆有餘중인개유여,
而我獨若遺이아독약유. 我愚人之心也哉아우인지심야재!
沌沌兮돈돈혜! 俗人昭昭속인소소, 我獨昏昏아독혼혼;
俗人察察속인찰찰, 我獨悶悶아독민민.
澹兮其若海담혜기약해, 飂兮若無止요혜약무지.
衆人皆有以중인개유이, 而我獨頑似鄙이아독완사비.
我獨異於人아독이어인, 而貴食母이귀식모.

| 하자는 대로 긍정하는 것과 아니라며 책망하는 것의 차이는 얼마나 되는가? | 선과 악의 차이는 얼마나 되는가? |

모두가 두려워하는 것을 누군들 두려워하지 않을 수 있으랴. 이러한 진리를 언제쯤 이해할 수 있을까?

사람들이 모두 즐거워하는 것이 큰 잔치라도 벌인 듯하고, 봄 동산에 오르는 구경꾼 같구나.

오직 나만이 무심하고 고즈넉한 마음으로 일체의 움직임이 없는 것이 아직 웃을 줄도 모르는 갓난아기 같다.

지친 모습은 돌아갈 곳 없는 나그네와 다름없도다.

모두가 풍족하거늘 오직 나만이 무언가를 잃어버린 것 같다.

나는 바보인가? 도무지 모르겠구나.

세상사람들은 그리도 밝게 빛나거늘 나만은 이렇듯 흐리멍텅하다.

세상사람들은 그리도 밝은 눈을 가졌거늘 나만은 이렇듯 분별력조차 지니지 못했다. 마치 파도 위를 떠가는 것 같고, 바람에 날려가는 것 같다.

모두 저마다 장점이 있는데 나만 홀로 쓰임새가 없는 것인가?

내가 다른 사람들과 다른 이유는 만물을 길러주는 내면의 근원만을 귀히 여기기 때문이라네.

제21장 도는 항구불변이다

孔德之容공덕지용, 惟道是從유도시종.
道之爲物도지위물, 惟恍惟惚유황유홀.
惚兮恍兮홀혜황혜, 其中有象기중유상;
恍兮惚兮황혜홀혜, 其中有物기중유물;
窈兮冥兮요혜명혜, 其中有精기중유정.
其精甚眞기정심진, 其中有信기중유신.
自古及今자고급금, 其名不去기명불거, 以閱衆甫이열중보.
吾何以知衆甫之狀哉오하이지중보지상재? 以此이차.

큰 덕을 지닌 사람의 일거수일투족은 모두 도를 따른다. 그러나 도라는 것은 있는 듯 없는 듯 구체적인 형태가 없다.

노자

분간할 수 없는 흐릿함 속에도 무엇인가 보이는 형상이 있고, 만질 수 있는 실체가 있다.

노자

상편 도도

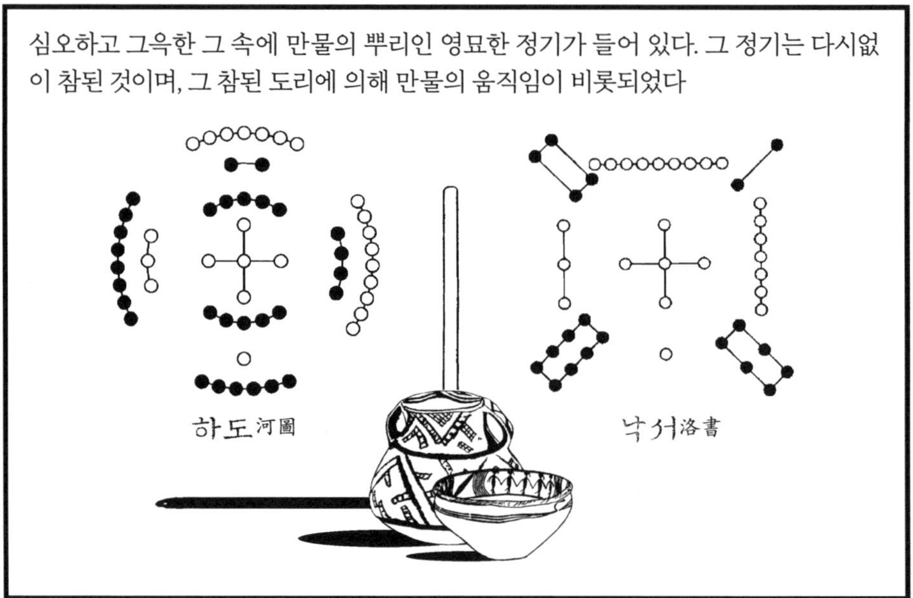

심오하고 그윽한 그 속에 만물의 뿌리인 영묘한 정기가 들어 있다. 그 정기는 다시없이 참된 것이며, 그 참된 도리에 의해 만물의 움직임이 비롯되었다

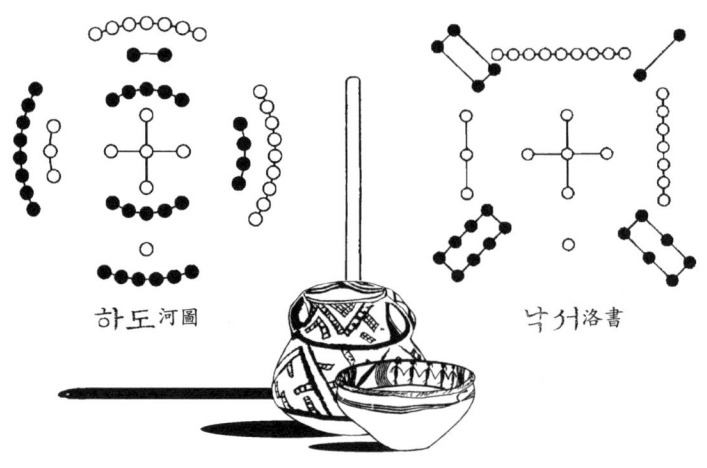

하도河圖   낙서洛書

예나 지금이나 '도'는 한결같이 존재하며, 그 기능에도 변함이 없다. '도'로 인해 우리는 만물이 어떻게 시작되었는지를 알 수 있다.

만물이 어떻게 시작되었는지 알 수 있는 것은 '도'가 항구불변이기 때문이라네.

제22장 낡아야 새로워진다

曲則全곡즉전, 枉則直왕즉직, 窪則盈와즉영,
弊則新폐즉신, 少則得소즉득, 多則惑다즉혹.
是以聖人抱一爲天下式시이성인포일위천하식.
不自見부자견, 故明고명; 不自是부자시,
故彰고창; 不自伐부자벌, 故有功고유공;
不自矜부자긍, 故長고장. 夫唯不爭부유부쟁,
故天下莫能與之爭고천하막능여지쟁.
古之所謂曲則全者고지소위곡즉전자,
豈虛言哉기허언재? 誠全而歸之성전이귀지.

억울함을 이겨내야 자신을 지킬 수 있고, 구부러짐을 두려워하지 않아야 몸을 펼칠 수 있다.

우묵하니 패인 곳이어야 가득 채울 수 있고, 낡아야 새로워진다.

적어야 얻을 수 있고, 탐욕을 부리면 모든 것을 잃게 된다.

그런 까닭에 성인은 '도'를 천하의 법칙으로 삼는다.

자신만이 옳다고 주장하지 않기에 평판이 좋아지고, 뽐내지 않기에 공적이 자신의 것이 된다.

교만하지 않기에 뭇사람의 신망을 얻을 수 있다.

자신의 생각에 갇히지 않으므로 미세한 것까지 똑똑히 살필 수 있다.

남과 다투는 일이 없기에 천하에 그를 적으로 대하는 사람이 없다.

제23장 소나기는 하루종일 내리지 않는다

希言自然희언자연.
故飄風不終朝고표풍부종조, 驟雨不終日취우부종일.
孰爲此者숙위차자? 天地천지.
天地尙不能久천지상불능구, 而況於人乎이황어인호?
故從事於道者고종사어도자, 道者同於道도자동어도,
德者同於德덕자동어덕, 失者同於失실자동어실.
同於道者동어도자, 道亦樂得之도역락득지;
同於德者동어덕자, 德亦樂得之덕역락득지;
同於失者동어실자, 失亦樂得之실역락득지.
信不足焉신부족언, 有不信焉유불신언!

말을 적게 하는 것이 자연의 원칙에 부합한다. 폭풍은 오전 내내 불 수 없고, 소나기도 하루종일 내리지 않는다.

이 모든 것을 지배하는 것은 누구인가? 천지다. 천지가 결정한 폭풍우도 오래 지속될 수 없거늘, 보잘것없는 사람의 힘이야 말해 무엇할까?

그러므로 도에 따르는 사람은 도와 하나가 되고, 덕에 따르는 사람은 덕과 하나가 된다. 도덕규범을 따르지 않는 사람은 도덕심 없이 일생을 지내게 된다.

사람이 도와 하나가 되면 도 또한 그를 얻어 기뻐하고, 덕과 하나가 되면 덕 또한 그를 얻어 기뻐한다.

사람이 도덕을 잃으면 도덕 또한 그와 함께하려 하지 않는다.

성실과 신용이 결여된 사람은 도덕심이 없기 때문에 사람들의 신뢰를 기대할 수 없다.

노자

제24장 발돋움으로는 오래 설 수 없다

企者不立기자불립, 跨者不行과자불행.
自見者不明자견자불명, 自是者不彰자시자불창.
自伐者無功자벌자무공, 自矜者不長자긍자부장.
其在道也기재도야, 曰餘食贅行왈여식췌행,
物或惡之물혹오지, 故有道者不處고유도자불처.

발돋움해 더 높이 서려고 할수록 제대로 서 있기 어렵다.

큰 걸음으로 급히 걸을수록 지쳐서 결국 멀리 가지 못한다.

자신의 지식에 안주할수록 아무것도 이해 못하게 된다.

자신만이 옳다고 생각할수록 무엇이 옳은지 알 수 없게 된다.

자화자찬할수록 공로를 인정받지 못한다.

자신만이 잘난 줄 알다가는 결코 지도자가 될 수 없다.

이런 일은 도의 기준에서 보자면 하나같이 쓸데없는 행위일 뿐이다.

보통사람도 싫어하는 일이니 도덕을 지키는 군자라면 극력 피해야죠.

제25장 세상에는 네 가지 큰 것이 있다

有物混成유물혼성, 先天地生선천지생.
寂兮寥兮적혜요혜, 獨立不改독립불개, 周行而不殆주행이불태,
可以爲天下母가이위천하모. 吾不知其名오부지기명,
字之曰道자지왈도, 强爲之名曰大강위지명왈대.
大曰逝대왈서, 逝曰遠서왈원, 遠曰反원왈반.
故道大고도대, 天大천대, 地大지대, 人亦大인역대.
域中有四大역중유사대, 而人居其一焉이인거기일언.
人法地인법지, 地法天지법천,
天法道천법도, 道法自然도법자연.

혼연일체의 존재로 천지가 탄생하기 전에 이미 생겨난 무엇이 있었다. 그것은 소리도 없고, 형체도 없고, 변화가 없는 독립적인 존재이며, 잠시도 쉼없이 순환을 계속하는, 세상만물의 근본이라 할 수 있다.

나는 그 이름을 몰라서 어쩔 수 없이 '도'道라고 이름지었으며, 억지로 '대'大라는 이름을 붙였다.

'대'는 아득히 넓고, 난관을 아랑곳하지 않은 채 용감히 전진한다. 아무리 먼 곳이라도 이르지 않는 곳이 없는데, 마침내는 다시 본래의 상태로 되돌아온다.

그러므로 도도 크고, 하늘도 크고, 땅도 크고, 사람도 크다. 이 세상에는 네 가지 큰 것이 있는데, 사람은 그 중의 하나다. 사람은 땅의 본연의 모습을 본받고, 땅은 하늘의 본연의 모습을 본받고, 하늘은 도의 본연의 모습을 본받고, 도는 그 근원인 자연의 본모습을 따른다.

제26장 무거움은 가벼움의 근본이다

重爲輕根중위경근, 靜爲躁君정위조군.
是以聖人終日行不離輜重시이성인종일행불리치중.
雖有榮觀수유영관, 燕處超然연처초연.
奈何萬乘之主내하만승지주,
而以身輕天下이이신경천하?
輕則失根경즉실근, 躁則失君조즉실군.

무거움은 가벼움의 근본이고, 고요함은 성급함의 주재자이다. 그러므로 성인은 종일 토록 길을 걸어도 군대가 장비를 버리지 않듯이 지닌 짐을 몸에서 떼어내지 않는다.

제27장 잘 걷는 사람은 흔적을 남기지 않는다

善行선행, 無轍迹무철적; 善言선언, 無瑕謫무하적,
善數선수, 不用籌策불용주책; 善閉선폐,
無關楗而不可開무관건이불가개, 善結선결,
無繩約而不可解무승약이불가해.
是以聖人常善求人시이성인상선구인,
故無棄人고무기인, 常善救物상선구물,
故無棄物고무기물. 是謂襲明시위습명.
故善人者不善人之師고선인자불선인지사,
不善人者善人之資불선인자선인지자. 不貴其師불귀기사,
不愛其資불애기자, 雖智大迷수지대미. 是謂要妙시위요묘.

잘 걷는 사람은 흔적을 남기지 않는다.

말솜씨가 뛰어난 사람은 말에 흠이 없다.

계산을 잘하는 사람은 계산기가 필요 없다.

문을 닫는데 능한 사람은 빗장을 걸지 않고도 열리지 않게 한다.

상편 도도

묶는데 뛰어난 사람은 매듭을 짓지 않고도 풀리지 않게 한다.

성인은 사람들의 재주를 잘 살려 쓰기 때문에 그의 눈에 쓸모없는 사람은 없다. 또한 물건의 쓰임새를 잘 알기 때문에 그에게 쓸모없는 물건은 없다.

도에 가장 가까운 지혜라고 할 수 있다.

제28장 손대지 않은 통나무를 쪼개면 그릇이 된다

知其雄지기웅, 守其雌수기자, 爲天下谿위천하계.
爲天下谿위천하계, 常德不離상덕불리, 復歸於嬰兒복귀어영아.
知其白지기백, 守其黑수기흑, 爲天下式위천하식.
爲天下式위천하식, 常德不忒상덕불특, 復歸於無極복귀어무극.
知其榮지기영, 守其辱수기욕, 爲天下谷위천하곡.
爲天下谷위천하곡, 常德乃足상덕내족, 復歸於樸복귀어박.
樸散則爲器박산즉위기. 聖人用之성인용지,
則爲官長즉위관장. 故大制不割고대제불할.

| 남성다움의 강건함을 알면서 여성스러운 부드러움을 지니면 세상의 물이 흘러드는 골짜기가 된다. | 세상의 물이 모여드는 큰 골짜기가 되면 영구불변의 덕이 깃들어 순수한 아이의 모습으로 돌아가게 된다. |

빛이 무엇인지를 알면서 어두운 곳에 자리하면 세상이 본받는 본보기가 된다.

세상의 본보기가 되는 사람은 말과 행동에 어긋남이 없어 광대무변의 경지에 들게 된다.

영예가 무엇인지 알면서 비천한 처지를 참고 견디면 물이 모여드는 세상의 골짜기가 되어 사람들의 존경을 받게 된다.

세상의 골짜기가 되면 영구불변의 '덕'이 넘치게 되고, 손대지 않은 통나무 같은 소박한 무위의 자연상태로 돌아가게 된다.

소박한 통나무를 쪼개어 그릇을 만들 수 있듯이, 성인은 이러한 이치를 활용하여 지도자가 된다.

이상적인 사회를 만들기 위해서는 가공하지 않은 통나무의 소박함을 유지하는 것이 중요하다.

제29장 세상은 신성한 그릇이다

將欲取天下而爲之 장욕취천하이위지,
吾見其不得已 오견기부득이. 天下神器 천하신기,
不可爲也 불가위야. 爲者敗之 위자패지,
執者失之 집자실지. 故物 고물, 或行或隨 혹행혹수,
或歔或吹 혹히혹취, 或强或羸 혹강혹리, 或挫或隳 혹좌혹휴,
是以聖人去甚 시이성인거심, 去奢 거사, 去泰 거태.

세상을 다스리기 위해 인위적으로 바꾸려 한다면, 필경 성공하지 못할 것이다.

세상은 신성한 그릇이라서 인위적으로 바꿀 수 없지.

세상에는 급진적인 것도 있고, 보수적인 것도 있다.

불이 잘 타는 것이 있는가 하면, 불이 꺼져버리는 것도 있다.

강한 것도 있고, 약한 것도 있다.

세상의 흐름에 편승하는 사람도 있고, 흐름과는 동떨어진 사람도 있다.

그래서 성인은 천하를 다스릴 때 자연의 섭리에 따를 뿐, 지나친 극단과 사치, 태만함을 멀리한다.

제30장 도가 아닌 것은 오래 가지 못한다

以道佐人主者이도좌인주자, 不以兵强天下불이병강천하.
其事好還기사호환.
師之所處사지소처, 荊棘生焉형극생언,
大軍之後대군지후, 必有凶年필유흉년.
善者果而已선자과이이. 不敢以取强불감이취강.
果而勿矜과이물긍. 果而勿伐과이물벌, 果而勿驕과이물교,
果而不得已과이부득이, 果而勿强과이물강.
物壯則老물장즉로. 是謂不道시위부도.
不道早已부도조이.

'도'를 가지고 군주를 보좌하는 사람은 무력에 의지해 천하를 제패하려 해서는 안된다.

군대가 이르는 곳은 땅이 황폐해지고, 큰 전쟁이 끝난 다음에는 반드시 기근이 발생한다.

용병술에 능한 사람은 목적을 달성하고 나면 더 이상의 무력을 남용하지 않는다.

이겼다고 자랑하지 말고, 이겼다고 뽐내지 말고, 이겼다고 교만하지 말라. 승리는 어쩔 수 없이 싸워 얻은 결과일 뿐이다.

어떤 사물도 세력이 커진 다음에는 반드시 쇠약해지기 마련이다. 이러한 도리를 깨닫지 못하면 도의 법칙에 어긋나게 되고, 곧 쇠락하게 된다.

제31장 도를 지닌 군자는 무기를 사용하지 않는다

夫佳兵者부가병자, 不祥之器불상지기, 物或惡之물혹오지. 故有道者不處고유도자불처.
君子居則貴左군자거즉귀좌, 用兵則貴右용병즉귀우. 兵者不祥之器병자불상지기,
非君子之器비군자지기, 不得已而用之부득이이용지, 恬淡爲上염담위상.
勝而不美승이불미. 而美之者이미지자, 是樂殺人시락살인.
夫樂殺人者부락살인자, 則不可以得志於天下矣즉불가이득지어천하의.
吉事尙左길사상좌, 凶事尙右흉사상우.
偏將軍居左편장군거좌, 上將軍居右상장군거우.
言以喪禮處之언이상례처지.
殺人之衆살인지중, 以哀悲泣之이애비읍지.
戰勝以喪禮處之전승이상례처지.

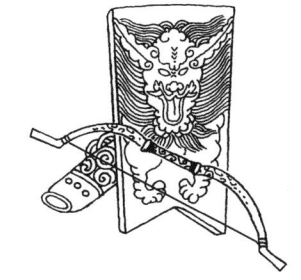

병기란 불길한 것이요, 귀신도 싫어한다. 따라서 도를 지닌 군자는 무기를 사용하는 일을 애써 피한다.

군자의 일상적인 예의에서는 왼쪽이 상석이고, 전쟁에서는 오른쪽이 상석인 이유다.

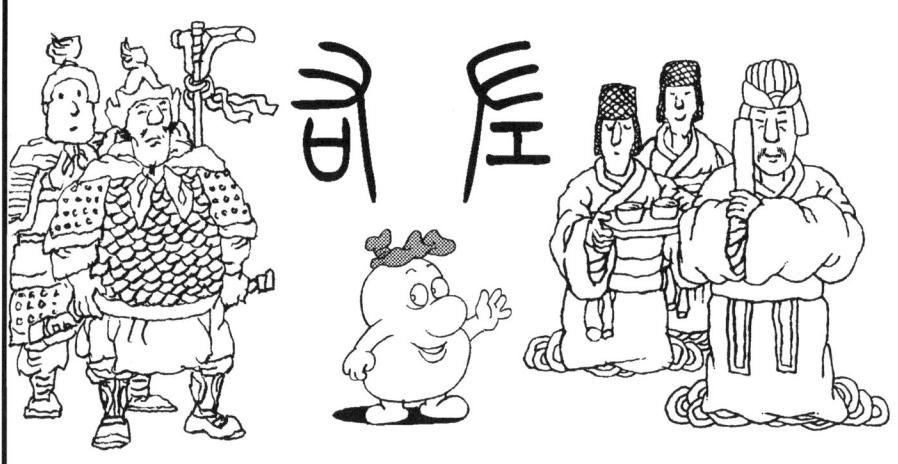

병기는 불길한 물건이므로 군자가 쓸 것은 아니다. 부득이하더라도 최소화해야 한다.

전쟁에서 승리해도 찬양할 필요는 없다. 승리에 취하는 자는 살인을 즐기는 것이고, 살인을 좋아하면 천하의 추대를 받을 수 없다.

길한 경우의 의식에서는 왼쪽이 상석이다.

장례식에서는 오른쪽이 상석이다.

전쟁을 지휘하는 총사령관은 오른쪽, 부사령관은 왼쪽에 자리해 전투를 벌인다. 전쟁을 장례의식에 맞춰 치르는 것이다.

전쟁은 사람의 목숨을 빼앗는 것이기 때문에 비통한 마음으로 임해야 한다. 그래서 승리 여부에 관계없이 장례의식을 따르는 것이다.

제32장 이름이 만들어지면 욕심이 생긴다

道常無名도상무명, 樸雖小박수소, 天下莫能臣也천하막능신야.
侯王若能守之후왕약능수지, 萬物將自賓만물장자빈.
天地相合천지상합, 以降甘露이강감로,
民莫之令而自均민막지령이자균.
始制有名시제유명, 名亦旣有명역기유, 夫亦將知止부역장지지.
知止可以不殆지지가이불태.
譬道之在天下비도지재천하, 猶川谷之於江海유천곡지어강해.

'도'는 영원하지만 적절한 이름을 붙일 수 없다.

노자

'도'에 비유되는 '박'樸은 매우 작지만 누구도 함부로 좌지우지할 수 없다.

군주가 도를 따라 지키면 백성들은 스스로 그에게 귀순할 것이다.

천지의 기가 교차해 단비가 내리고, 백성들에게 명령을 내리지 않아도 저절로 다스려질 것이다.

이름은 만물이 만들어지면서 생긴 것이고, 이름이 만들어지면 욕심이 생기니, 적절히 멈출 줄 알아야 한다.

도의 법칙을 세상에 비유하자면, 모든 계곡물이 개천이 되고 강이나 바다로 흘러드는 것과 같다.

상편 도도

제33장 자신을 이기는 사람이 강한 사람이다

知人者智지인자지, 自知者明자지자명.
勝人者有力승인자유력, 自勝者强자승자강.
知足者富지족자부, 强行者有志강행자유지,
不失其所者久부실기소자구,
死而不亡者壽사이불망자수.

다른 사람을 이해할 수 있는 사람은 분명 지혜로운 사람이다.

하지만 자기자신을 아는 사람이야말로 참된 의미에서 총명한 사람이다.

남을 이기는 사람은 힘있는 사람이 분명하지만, 자기자신을 이기는 사람이 진정 강한 사람이다.

만족할 줄 알아야 넉넉한 사람이지만, 열심히 노력하는 사람이라야 자신의 뜻을 이룰 수 있다.

맞아요!

절제를 잃지 않는 사람은 무슨 일이든 오래 지속할 수 있고, 도에 따라 사는 사람은 그 정신이 영원하다.

제34장 큰 도는 이르지 않는 곳이 없다

大道氾兮대도범혜, 其可左右기가좌우.
萬物恃之而生而不辭만물시지이생이불사,
功成不名有공성불명유.
衣養萬物而不爲主의양만물이불위주,
常無欲상무욕, 可名於小가명어소.
萬物歸焉而不爲主만물귀언이불위주, 可名爲大가명위대.
以其終不自爲大이기종불자위대, 故能成其大고능성기대.

> 큰 도는 넘쳐 흐르는 홍수처럼 한 곳에 머물지 않고 자유자재 이르지 않는 곳이 없다.

만물은 도에 의해 생겨나지만, 도는 만물을 간섭하지 않을 뿐 아니라, 만들어낸 공을 자랑하지도 않는다.

도는 만물을 기르지만 결코 지배하지 않는다. 욕심이 없으니 작다고도 볼 수 있다.

만물이 모두 도에 의지함에도 불구하고 도는 자신을 주재자라고 여기지 않으니, 매우 크다고도 볼 수 있다.

도는 스스로를 위대하다고 여긴 적이 없다. 그렇기 때문에 도를 위대한 존재라고 말할 수 있는 것이다.

제35장 도는 영원히 사용해도 다함이 없다

執大象집대상, 天下往천하왕;
往而不害왕이불해, 安平太안평태.
樂與餌낙여이, 過客止과객지.
道之出口도지출구, 淡乎其無味담호기무미,
視之不足見시지부족견, 聽之不足聞청지부족문,
用之不足旣용지부족기.

큰 도의 법칙을 터득하면 세상이 그에게 귀의한다.

큰 도에 따라 살면 도를 터득한 사람의 비호를 받으며 평화롭고 안정된 삶을 누릴 수 있다.

아름다운 음악과 맛있는 음식은 지나가는 사람의 발걸음을 멈추게 한다.

그러나 도에 대한 말은 평범하고 담박해 묘미가 느껴지지 않는다.

눈을 뜨고 보아도 보이지 않고, 귀를 기울여도 들리지 않지만, 영원히 사용해도 결코 다함이 없다.

제36장 부드러운 것이 강한 것을 이긴다

將欲歙之장욕흡지, 必固張之필고장지;
將欲弱之장욕약지, 必固强之필고강지;
將欲廢之장욕폐지, 必固興之필고흥지;
將欲奪之장욕탈지, 必固與之필고여지.
是謂微明시위미명, 柔弱勝剛强유약승강강.
魚不可脫於淵어불가탈어연, 國之利器국지이기,
不可以示人불가이시인.

| 잡으려면 일부러 놓아줘야 한다. | 없애버리려면 먼저 흥하게 해야 한다. |
| 약화시키려면 반드시 먼저 강하게 해야 한다. | 박탈하려면 먼저 주어야 한다. |

이것은 오묘한 이치라고 할 수 있다. 부드럽고 약한 것은 상대의 경계심을 누그러뜨림으로써 마침내 굳세고 강한 것을 이기게 된다.

깊은 연못 속에 사는 물고기는 잡히지 않는다.

따라서 연못을 벗어나서는 안된다.

마찬가지로 나라를 다스리는 중요한 도구나 기밀은 밖으로 드러내면 안된다.

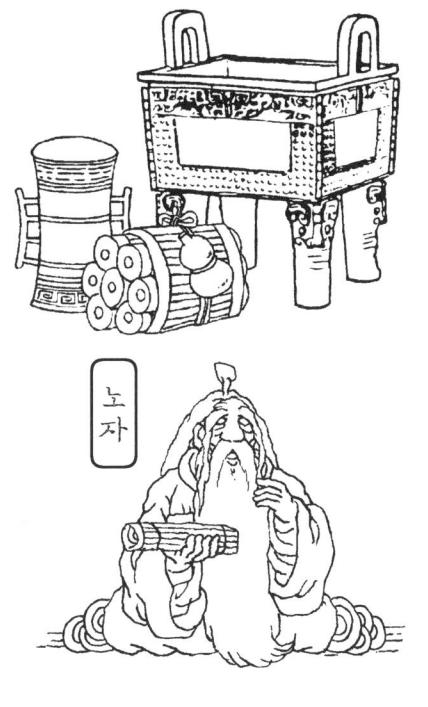

제37장 도에 맡기면 천하가 절로 태평해진다

道常無爲而無不爲도상무위이무불위.
侯王若能守之후왕약능수지, 萬物將自化만물장자화.
化而欲作화이욕작,
吾將鎭之以無名之樸오장진지이무명지박.
無名之樸무명지박, 夫亦將無欲부역장무욕.
無欲以靜무욕이정, 天下將自定천하장자정.

도는 아무런 움직임 없이 잠잠히 운행하므로 아무것도 하는 게 없어 보이지만, 실제로는 못하는 것이 없다. 군주가 이 도의 법칙을 지키면, 천하가 다 그에게 귀의할 것이다.

그 과정에서 욕심이 싹트거든 자연의 소박한 '도'로 진정시켜야 한다.

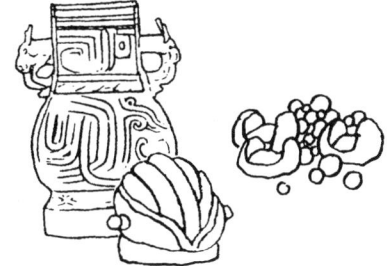

'도'에 비유되는 이름도 형체도 없는 '박'樸은 모든 사사로운 욕심을 없애준다.

사사로운 욕심이 사라지면 사람의 마음은 고요로 돌아가고, 천하가 저절로 태평해질 것이다.

하편 덕

德

上德不德,
是以有德;
下德不失德,
是以無德。
上德無爲而無
以爲;下
德無爲而有
以爲。

제38장 겉만 화려한 도덕은 어리석음의 시작이다

上德不德상덕부덕, 是以有德시이유덕; 下德不失德하덕부실덕, 是以無德시이무덕.
上德無爲而無以爲상덕무위이무이위; 下德爲之而有以爲하덕위지이유이위.
上仁爲之而有以爲상인위지이유이위; 上義爲之而有以爲상의위지이유이위;
上禮爲之而莫之應상례위지이막지응, 則攘臂而扔之즉양비이잉지.
故失道而後德고실도이후덕, 失德而後仁실덕이후인,
失仁而後義실인이후의, 失義而後禮실의이후례.
夫禮者부례자, 忠信之薄而亂之首충신지박이란지수.
前識者전식자, 道之華而愚之始도지화이우지시.
是以시이, 大丈夫대장부, 處其厚처기후, 不居其薄불거기박,
處其實처기실, 不居其華불거기화. 故去彼取此고거피취차.

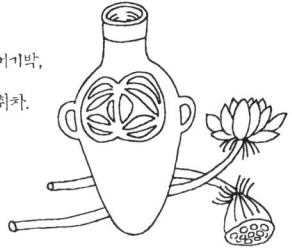

최상의 덕을 지닌 사람은 자신이 덕을 지니고 있다고 여기지 않으므로, 참된 '유덕자'有德者이다.

낮은 덕을 지닌 사람은 자신이 덕을 지니고 있다고 여기므로, 참된 '유덕자'라고는 할 수 없다.

좋은 말을 들려주겠소.

최상의 덕은 자연스럽게 몸에 밴 무위의 경지로 일부러 드러내려 하지 않는다. 낮은 덕은 생경하고 자연스럽지 않다.

최상의 인仁은 유위有爲의 행위이지만 자연스럽다.

최상의 예禮는 억지로 일을 도모하니, 반응이 없으면 소매를 잡아당겨서라도 규범에 맞도록 한다.

최상의 의義는 유위의 행위로 부자연스럽다.

그래서 '도'를 잃으면 '덕'이 중시된다. 	'덕'을 잃으면 '인'이 중시된다. 
'인'을 잃으면 '의'가 중시된다. 	'의'를 잃으면 '예'가 중시된다. 

형식을 중시하는 '예'는 참다운 마음이 옅어진 상태로 세상의 혼란을 부르는 근본이다.

제39장 명예를 원하면 명예를 잃는다

昔之得一者석지득일자: 天得一以淸천득일이청, 地得一以寧지득일이녕,
神得一以靈신득일이령, 谷得一以盈곡득일이영, 萬物得一以生만물득일이생,
侯王得一以爲天下貞후왕득일이위천하정. 其致之一也기치지일야.
天無以淸천무이청, 將恐裂장공렬; 地無以寧지무이녕, 將恐發장공발;
神無以靈신무이령, 將恐歇장공헐; 谷無以盈곡무이영, 將恐竭장공갈;
萬物無以生만물무이생, 將恐滅장공멸; 侯王無以貞후왕무이정, 將恐蹶장공궐.
故고, 貴以賤爲本귀이천위본, 高以下爲基고이하위기.
是以後王自謂孤시이후왕자위고, 寡과, 不穀불곡.
此非以賤爲本耶차비이천위본야? 非乎비호?
故致數譽無譽고치수예무예.
不欲琭琭如玉불욕록록여옥, 珞珞如石낙락여석.

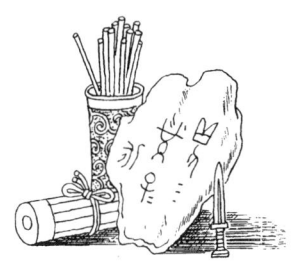

자고로 우주만물은 모두 '도' 하나에 의해 생겨났다. 하늘은 하나를 얻어 청명하다.

하늘이 청명하지 못하면 갈라질 것이다.

땅이 평온을 유지하지 못하면 무너질 것이다.

신이 영험을 유지하지 못하면 사라져버릴 것이다.

골짜기에 물이 충만하지 못하면 고갈될 것이다.

만물이 생장을 계속하지 못하면 멸망하여 아주 없어지고 말 것이다.

귀한 것은 천한 것을 근본으로 삼고, 높은 것은 낮은 것을 바탕으로 한다. 그래서 군주는 스스로 외롭다, 덕이 부족하다, 선하지 못하다 하고 일컫는 것이다.

이것이 바로 천한 것을 근본으로 삼는 행동 아니겠는가? 많은 사람이 칭송하는 명예를 원하면 도리어 명예를 잃는다.

도덕 수양을 쌓은 군자가 아름다운 옥조처럼 빛나기를 바라지 않고, 돌덩이처럼 덤덤히 지내는 이유지.

노자

제40장 근원으로 돌아가는 것이 도의 움직임이다

反者반자, 道之動도지동;
弱者약자, 道之用도지용.
天下萬物生於有천하만물생어유,
有生於無유생어무.

항상 근원으로 돌아가려는 것이 도의 움직임이다. 또한 반대방향으로 전화 발전하는 것이 '도'의 법칙이다.

도가 작용하는 곳은 사물의 유약한 부분이다.

일년 사계절 중 하지와 동지가 그런 때지요.

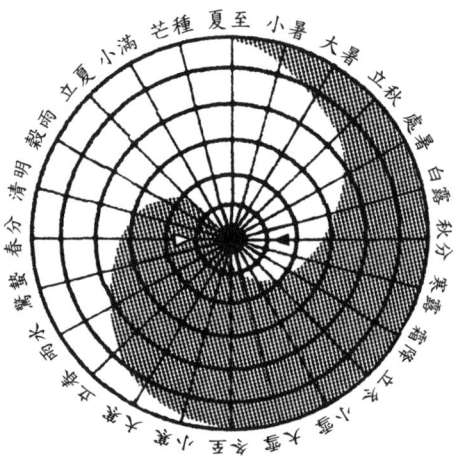

하지는 더위가 극에 달해 음陰이 발생.

동지는 추위가 극에 달해 양陽이 발생

원시태극도

세상만물은 모두 '유'有에서 생긴다.

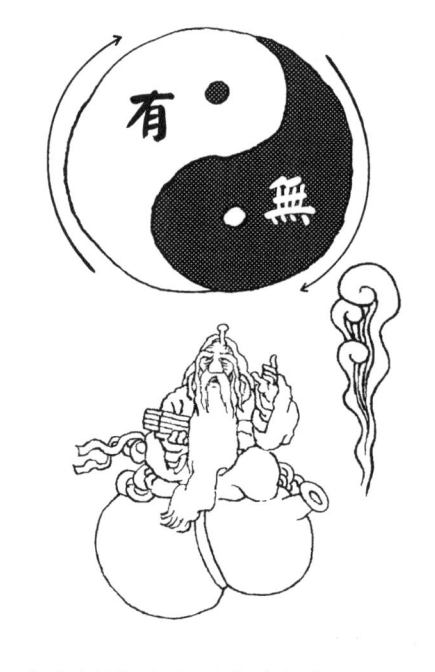

반면에 '유'는 '무'無에서 나온다.

제41장 큰 그릇은 만드는 데 오래 걸린다

上士聞道상사문도, 勤而行之근이행지.
中士聞道중사문도, 若存若亡약존약망.
下士聞道하사문도, 大笑之대소지;
不笑不足以爲道불소부족이위도.
故建言有之고건언유지, 明道若昧명도약매,
進道若退진도약퇴, 夷道若纇이도약뢰,
上德若谷상덕약곡, 大白若辱대백약욕,
廣德若不足광덕약부족, 建德若偸건덕약투, 質眞若渝질진약투,
大方無隅대방무우, 大器晚成대기만성, 大音希聲대음희성,
大象無形대상무형. 道隱無名도은무명, 夫唯道부유도, 善貸且成선대차성.

희디흰 것은 오히려 때를 머금은 듯 검게 보인다.

넓고 큰 덕은 어딘지 부족해 보인다.

확고한 덕은 오히려 믿음직스럽지 못해 보인다.

땅처럼 큰 네모난 것에는 모퉁이가 없는 듯이 보이지.

순박한 덕은 얼핏 절조가 없어 보인다.

큰 그릇은 만드는 데 시간이 오래 걸린다.

큰 소리는 잘 들리지 않고, 몹시 큰 형체는 도리어 잘 띄지 않는다.

도는 형체를 알 수 없고 이름조차 없다. 하지만 이 도가 만물을 가꾸고 완성시킨다.

제42장 도는 우주의 궁극적인 물질이다

道生一도생일, 一生二일생이,
二生三이생삼, 三生萬物삼생만물.
萬物負陰而抱陽만물부음이포양, 沖氣以爲和충기이위화.
人之所惡인지소악, 唯孤寡不穀유고과불곡,
而王公以爲稱이왕공이위칭.
故고, 物或損之而益물혹손지이익, 或益之而損혹익지이손.
人之所敎인지소교, 我亦敎之아역교지.
强梁者不得其死강량자부득기사, 吾將以爲敎父오장이위교부.

도는 우주를 존재하게 하는 궁극적인 물질이다. 만물이 만들어진 절차를 살펴보면 가장 먼저 도에서 원시 혼돈의 원기元氣가 탄생하였다.

그런 다음 원기에서 음양의 두 기가 생기고, 음양의 두 기가 작용해 충기冲氣를 발생시킨다. 충기가 다시 작용해 만물이 생성된다.

만물은 음양 두 가지 요소를 모두 내포하고 있으며, 눈에 보이지 않는 충기의 작용에 의해 모양을 형성하게 된다.

제43장 '무위'의 유익함

天下之至柔천하지지유,
馳騁天下之至堅치빙천하지지견.
無有入無間무유입무간.
吾是以知無爲之有益오시이지무위지유익.
不言之敎불언지교, 無爲之益무위지익.
天下希及之천하희급지.

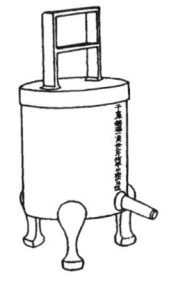

세상에서 가장 연약한 것이 세상에서 가장 단단한 것을 지배할 수 있다.

물과 같이 형체가 정형화되지 않은 것은 틈새가 없는 견고한 물체에도 스며들어 무너뜨린다. 그래서 나는 무위無爲의 좋은 점을 깨달았다.

이런 말없는 '무언'無言의 가르침과 '무위'의 유익함에 필적할 만한 것은 세상 어디에도 없다.

제44장 만족할 줄 알면 치욕을 당하지 않는다

名與身孰親명여신숙친? 身與貨孰多신여화숙다?
得與亡孰病득여망숙병? 是故甚愛必大費시고심애필대비,
多藏必厚亡다장필후망.
知足不辱지족불욕, 知止不殆지지불태,
可以長久가이장구.

명예와 생명 가운데 어느 것이 더 소중한가?

생명과 재산 가운데 어느 것이 더 귀중한가?

명예를 얻는 것과 생명을 잃는 것 가운데 어느 쪽이 더 큰 불행일까? 	지나치게 인색하면 반드시 큰 손실이 초래되고, 너무 많은 재물을 쌓아두면 화를 부르게 된다. 
만족할 줄 알면 치욕을 당하지 않고, 적당히 그칠 줄 알아야 위태로움에 빠지지 않는다. 	그래야 자신의 생명을 안전하고 오래 보존할 수 있다. 

제45장 뛰어난 솜씨는 서툴러 보인다

大成若缺대성약결, 其用不弊기용불폐;
大盈若沖대영약충, 其用不窮기용불궁;
大直若屈대직약굴, 大巧若拙대교약졸,
大辯若訥대변약눌.
躁勝寒조승한. 靜勝熱정승열.
淸靜爲天下正청정위천하정.

> 가장 위대한 성과는 조금 모자란 듯해도 그 작용을 뛰어넘을 수 없다.

> 가장 충실한 것은 조금 빈 듯해도 그 작용은 영원무궁하다.

제46장 만족할 줄 알면 부족함이 없다

天下有道천하유도, 却走馬以糞각주마이분;
天下無道천하무도, 戎馬生於郊융마생어교. 禍莫大於不知足화막대어부지족,
咎莫大於欲得구막대어욕득.
故고, 知足之足지족지족, 常足矣상족의.

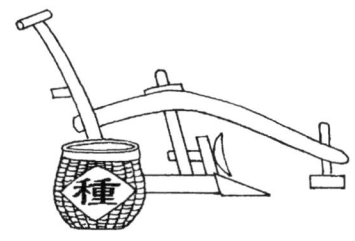

천하가 태평할 때는 전쟁에 나서던 군마도 밭을 가는 말로 바뀐다.

노자

제47장 문밖에 나가지 않고도 천하를 안다

不出戶불출호, 知天下지천하, 不窺牖불규유, 見天道견천도.
其出彌遠기출미원, 其知彌少기지미소. 是以聖人不行而知시이성인불행이지,
不見而名불견이명, 不爲而成불위이성.

도에 정통한 진정한 군자는 문밖 출입을 하지 않고도 천하의 일을 알 수 있고, 창밖을 내다보지 않고도 자연의 섭리를 알 수 있다.

지식의 겉모습에 집착해 밖으로 나돌아다니면 소소한 것만 알게 될 뿐이다.

여기에 감자가 아니라 고구마를 심었지요.

그러므로 성인은 사물의 전말을 이해하기 위해 이곳저곳 돌아다니지 않는다.

무위자연의 마음을 지니고 있으면 눈으로 직접 보지 않아도 중요한 일을 알 수 있다.

일부러 힘쓰지 않아도 하려는 일이 절로 이루어진다.

제48장 인위적인 통치로는 천하를 얻을 수 없다

爲學日益위학일익, 爲道日損위도일손.
損之又損손지우손, 以至於無爲이지어무위.
無爲而無不爲무위이무불위. 取天下常以無事취천하상이무사,
及其有事급기유사,
不足以取天下부족이취천하.

학문을 닦으면 나날이 지식이 늘어난다. 학습을 통해 사람들은 많은 인위적인 지식과 문화를 배운다.

도를 수양하면 나날이 지식이 줄어들어. 머리가 아닌 가슴으로 이해하니 불필요한 지식과 문화가 줄게 되지.

하편 덕德

지식이 줄고 줄면 무위의 경지에 이를 수 있다.	무위의 경지에 이르면 하지 못하는 일이 없게 된다.

사물의 자연적 속성을 훼손하는 일 없이 자신의 존재와 발전이 최고로 발휘되는 상태에 이르는 것이죠.

나라를 다스리는 데는 자연의 순리를 좇아야지 억지로 일을 도모해서는 안된다. 법령이나 정책을 남발하는 인위적인 통치로는 천하를 얻을 수 없다.

제49장 성인은 백성의 의견을 따른다

聖人無常心성인무상심, 以百姓心爲心이백성심위심.
善者吾善之선자오선지,
不善者吾亦善之불선자오역선지, 德善덕선.
信者吾信之신자오신지,
不信者吾亦信之불신자오역신지, 德信덕신.
聖人在天下성인재천하,
歙歙焉흡흡언, 爲天下渾其心위천하혼기심,
百姓皆注其耳目백성개주기이목, 聖人皆孩之성인개해지.

성인은 예로부터 자기의 의견을 고집하지 않고 늘 백성의 의견을 따른다.

선한 사람에게도, 선하지 않은 사람에게도 선하게 대한다. 그리하여 모두가 선이 무엇인지 알게 한다.

성인이 다스리는 나라는 백성들이 순박한 마음으로 자신의 일에 힘쓰고, 사회적으로 화목하다.

신실한 사람에게도, 신실하지 않은 사람에게도 신의로 대한다. 그리하여 모두가 신의가 무엇인지 알게 한다.

노자

성인은 늘 백성의 안위를 염려하고, 백성들이 이것저것 요구해도 어린아이를 어르듯 온화한 마음으로 대한다.

제50장 양생의 길을 알면 위기에 빠지지 않는다

出生入死_{출생입사}, 生之徒十有三_{생지도십유삼}, 死之徒十有三_{사지도십유삼},
人之生_{인지생}, 動之死地亦十有三_{동지사지역십유삼}.
夫何故_{부하고}? 以其生生之厚_{이기생생지후}. 蓋聞善攝生者_{개문선섭생자},
陸行不遇兕虎_{육행불우시호},
入軍不被甲兵_{입군불피갑병}, 兕無所投其角_{시무소투기각},
虎無所措其爪_{호무소조기조}, 兵無所用其刃_{병무소용기인}.
夫何故_{부하고}? 以其無死地_{이기무사지}.

사람은 태어나서 마침내 죽게 되는데, 장수하는 사람은 열 명 중 셋밖에 안 된다.

일찍 죽는 사람도 열 명 중 셋이나 된다.

오래 살 수 있는데 뜻하지 않은 일로 도중에 죽게 되는 사람도 열 명 중 셋에 달한다.

그것은 무슨 까닭일까? 오래 살 수 있는 양생의 길을 모르기 때문이다.

제51장 도는 만물을 창조하고, 덕은 만물을 키운다

道生之도생지, 德畜之덕축지, 物形之물형지,
勢成之세성지, 是以萬物莫不存道而貴德시이만물막부존도이귀덕.
道之尊도지존, 德之貴덕지귀, 夫莫之命而常自然부막지명이상자연.
故고, 道生之도생지, 德畜之덕축지,
長之育之장지육지, 亭之毒之정지독지, 養之覆之양지복지.
生而不有생이불유, 爲而不恃위이불시,
長而不宰장이부재, 是謂玄德시위현덕.

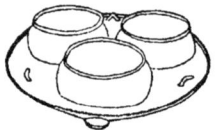

도는 만물을 창조하고, 덕은 만물을 키운다. 도의 역할은 만물의 형체를 만들어주는 일이고, 덕의 힘은 만물을 성장시킨다.

그래서 도와 진중한 덕을 존경하지 않을 수 없죠.

도가 존경받고 덕이 귀하게 되는 이유는 누가 시켜서가 아니다. 자연 그대로 저절로 이루어진다.

도는 만물을 창조하고, 덕은 만물을 키우며, 도덕은 만물을 생장 발육시켜 만물이 열매를 맺고 더 크게 자라도록 보호한다.

만물을 창조하였다고 소유하지 않고, 키웠다고 자랑하지 않고, 기르면서 지배하지 않는다.

이는 도덕의 최고 경지이며, 나는 그것을 '현덕'玄德이라고 부르지.

이러한 도리를 깨달으면 자연처럼 만물을 성장시켜도 자신의 것으로 삼지 않는다. 나라를 다스리는 이치도 마찬가지다.

나라를 크게 성장시켜도 자신의 공을 자랑하지 않고, 백성들 위에 군림하지 않는다.

이렇게 할 수 있다면 사람들의 신망을 얻게 될 것이며, 지극히 높은 덕을 몸에 지닌 지도자가 될 것이다.

제52장 눈과 귀를 넘어 보는 힘이 참된 지혜다

天下有始천하유시, 以爲天下母이위천하모. 旣得其母기득기모,
以知其子이지기자, 旣知其子기지기자, 復守其母복수기모,
沒身不殆몰신불태. 塞其兌새기태,
閉其門폐기문, 終身不勤종신불근.
開其兌개기태, 濟其事제기사, 終身不救종신불구.
見小曰明견소왈명, 守柔曰强수유왈강,
用其光용기광, 復歸其明복귀기명,
無遺身殃무유신앙, 是爲習常시위습상.

세상에는 시작이 있으니, 그것은 세상만물의 어머니 곧 근본이다. 근본을 알면 그 자식인 세상만물을 알 수 있다. 세상만물을 알면 그 어머니의 입장에서 자식을 지키게 되므로, 목숨이 다할 때까지 위태롭지 않다.

욕망의 입구인 눈귀와 마음에 빗장을 걸면, 외부의 유혹에 휩쓸리지 않는다.

눈과 귀를 열어 쓸데없는 혼란에 개입하면 편안히 살 수 없다.

눈과 귀로는 알지 못하는 사소한 것까지 보는 힘이 참된 지혜이고, 부드러움을 지키는 것이 참된 강함이다.

이런 정신을 유지하면 마음을 다시 맑고 깨끗하게 만들 수 있다.

영원불변의 도를 따르면 몸에 재앙이 초래되는 일은 없다.

제53장 무도한 군주는 잘못된 길로 빠지기를 즐긴다

使我介然有知사아개연유지, 行於大道행어대도,
唯施是畏유시시외. 大道甚夷대도심이, 而民好徑이민호경.
朝甚除조심제, 田甚蕪전심무, 倉甚虛창심허,
服文綵복문채, 帶利劍대리검, 厭飮食염음식,
財貨有餘재화유여, 是謂盜夸시위도과.
非道也哉비도야재!

내게 겨자씨만한 작은 지식이라도 있어 행여 그 탓에 큰 길을 벗어나 샛길로 빠지지나 않을까 두려워할 것이다. 평탄한 큰 길을 쉽게 갈 수 있거늘, 무도한 군주는 잘못된 길로 빠지기를 즐겨한다.

제54장 튼튼히 이은 지붕은 바람에 날리지 않는다

善建者不拔선건자불발, 善抱者不脫선포자불탈.
子孫以祭祀不輟자손이제사불철.
修之於身수지어신, 其德乃眞기덕내진;
修之於家수지어가, 其德乃餘기덕내여;
修之於鄕수지어향, 其德乃長기덕내장;
修之於國수지어국, 其德乃豊기덕내풍;
修之於天下수지어천하, 其德乃普기덕내보.
故以身觀身고이신관신, 以家觀家이가관가,
以鄕觀鄕이향관향, 以國觀國이국관국,
以天下觀天下이천하관천하.
吾何以知天下然哉오하이지천하연재? 以此이차.

튼튼히 이은 지붕은 바람에 날리지 않고, 굳건한 의지는 세속의 유혹에 넘어가지 않는다.

이렇게 도를 지켜 나가면 세세손손 자손들이 우러러보며 제사를 지낼 것이다.

이런 정신으로 몸을 다스리면 참된 사람이 된다.

이런 정신으로 가정을 다스리면 그 집의 명성은 더욱 높아진다.

이런 정신으로 고을을 다스리면 그 고을은 노인을 존중하고 어린이를 사랑하게 된다.

이런 정신으로 나라를 다스리면 나라가 풍요로워진다.

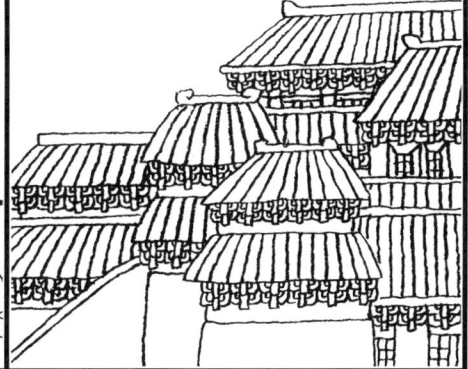

이런 정신으로 세상을 다스리면 온 세상이 화목해진다.

스스로 갈고 닦은 덕으로 다른 사람을 알아볼 수 있다.	자기 집의 덕으로 다른 사람의 가정을 알아볼 수 있다.

자기 고을의 덕으로 다른 고을을 알아볼 수 있다.	자기 나라의 덕으로 다른 나라를 알아볼 수 있다.

세상의 이런 보편원리를 무엇으로 알 수 있는가. 도의 광대무변한 능력 때문이다.

제55장 수양이 깊은 사람은 갓난아이와 같다

含德之厚함덕지후, 比於赤子비어적자.
蜂蠆蛇不螫봉채사불석, 猛獸不據맹수불거, 攫鳥不搏확조불박.
骨弱筋柔而握固골약근유이악고,
未知牝牡之合而朘作미지빈모지합이최작, 精之至也정지지야.
終日號而不嗄종일호이불사, 和之至也화지지야.
知和曰常지화왈상, 知常曰明지상왈명,
益生曰祥익생왈상, 心使氣曰强심사기왈강.
物壯則老물장즉로, 謂之不道위지부도, 不道早已부도조이.

도덕 수양이 깊은 사람의 마음은 갓 태어난 아기와 같다. 독충을 만나도 찔리지 않고, 맹수를 만나도 물리지 않으며, 새나운 새도 덮치지 않는다.

나이 먹는 것을 상서로운 일이라고 여긴다.

욕심 사납게 기세 부리는 것을 강하다고 자랑한다.

하지만 만물은 세력이 왕성해지면 곧 노쇠해진다. 아무리 강한 척해도 도에 맞지 않기 때문이다.

천도에 맞지 않는 것은 반드시 멸망하기 마련이지.

제56장 총명한 사람은 큰소리치지 않는다

知者不言지자불언, 言者不知언자부지.
塞其兌색기태, 閉其門폐기문, 挫其銳좌기예, 解其紛해기분,
和其光화기광, 同其塵동기진, 是謂玄同시위현동.
故고, 不可得而親불가득이친, 不可得而疎불가득이소,
不可得而利불가득이리, 不可得而害불가득이해,
不可得而貴불가득이귀, 不可得而賤불가득이천,
故爲天下貴고위천하귀.

총명한 사람은 큰소리치지 않는다. 큰소리를 치는 사람은 총명하다고 할 수 없다.

천박한 지식을 버리고, 욕망의 문을 닫고, 날카로운 기운을 꺾고, 지혜의 빛을 늦추어 속세의 티끌과 하나가 되면, 가장 심오한 곳에서 도와 일체가 된다.

이러한 무욕의 경지에 이른 사람은 함부로 가까이하기도 어렵지만, 소원해지지도 않는다.

이익을 줄 수도 없고, 손해를 끼칠 수도 없다. 또한 귀하게 할 수도, 천하게 할 수도 없다.

이처럼 친소, 귀천을 초월하기 때문에 세상에서 가장 존귀한 존재가 된다.

제57장 금기가 많을수록 백성은 가난하다

以正治國이정치국, 以奇用兵이기용병, 以無事取天下이무사취천하.
吾何以知其然哉오하이지기연재?
以此이차: 天下多忌諱천하다기휘, 而民彌貧이민미빈;
民多利器민다리기, 國家滋昏국가자혼;
人多伎巧인다기교, 奇物滋起기물자기;
法令滋彰법령자창, 盜賊多有도적다유.
故聖人云고성인운: 我無爲而民自化아무위이민자화,
我好靜而民自正아호정이민자정,
我無事而民自富아무사이민자부,
我無欲而民自樸아무욕이민자박.

공명정대한 방법으로 나라를 다스린다.

기발한 계책으로 전쟁에 임한다.

기예를 숭상할수록 사람들의 마음을 어지럽히는 기물이 많아진다. 	법률제도가 상세할수록 저촉하는 사람이 많아진다. 
그래서 성인은 이렇게 말했다. 내가 인위적인 일을 하지 않으면 백성은 자연에 따르게 되고, 내가 고요함을 좋아하면 백성은 저절로 바르게 된다. 	내가 아무것도 하지 않으면 백성은 자연히 부를 얻고, 내가 욕심을 버리면 백성은 자연히 순박해진다. 

제58장 절대적인 올바름은 없다

其政悶悶기정민민, 其民淳淳기민순순;
其政察察기정찰찰, 其民缺缺기민결결;
禍兮화혜, 福之所倚복지소의
福兮복혜, 禍之所伏화지소복,
孰知其極숙지기극? 其無正也기무정야.
正復爲奇정복위기, 善復爲妖선복위요.
人之迷인지미, 其日固久기일고구.
是以聖人方而不割시이성인방이불할,
廉而不劌염이불귀,
直而不肆직이불사, 光而不燿광이불요.

관용으로 다스리면 백성은 순박해진다.

또 죄를 저질렀군!

엄하게 다스리면 백성은 죄를 짓게 된다.

화禍에는 복이 깃들어 있고, 복福에는 화가 숨어 있다.

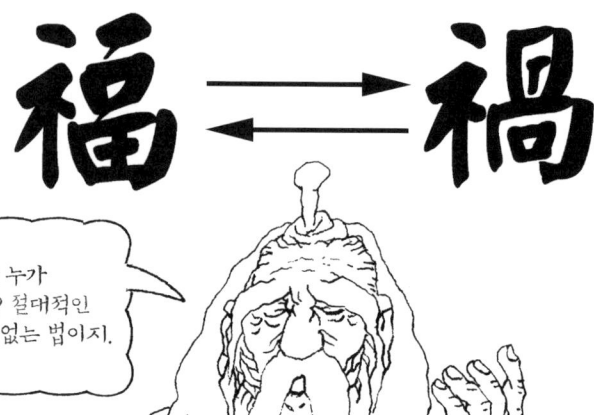

그 결말을 누가 알겠는가? 절대적인 올바름은 없는 법이지.

지금까지 옳다고 했던 것이 아주 나쁜 것으로 바뀔 수 있고, 선하다고 했던 것이 악이 될 수도 있다.

그래서 성인은 원칙을 지키되 융통성을 발휘한다. 자신이 옳다고 일방적으로 강요하지 않고, 사실에 바탕한 실사구시를 중시한다.

제59장 검약만큼 중요한 것은 없다

治人事天莫若嗇치인사천막약색.
夫唯嗇부유색, 是以早服시이조복.
早服조복, 謂之重積德위지중적덕.
重積德중적덕, 則無不克즉무불극.
無不克무불극, 則莫知其極즉막지기극.
莫知其極막지기극, 可以有國가이유국.
有國之母유국지모, 可以長久가이장구.
是謂深根固柢시위심근고저,
長生久視之道장생구시지도.

나라를 다스리고 하늘을 섬기는데 검약만큼 중요한 것도 없다.

홍수에 대비하는 일처럼 사전에 미리 준비하면 덕에 대한 깨달음을 얻을 수 있다.

덕을 깊이 깨달으면 극복하지 못할 어려움은 없다.

극복하지 못할 어려움이 없으면 그 능력의 한계를 가늠할 수 없다.

그 능력의 한계를 가늠할 수 없다면 나라를 다스리는 책임을 짊어질 만하다.

나라를 다스리는 근본인 검약에 충실하면 오래도록 평안히 다스릴 수 있다.

뿌리를 깊고 튼튼히 해야 도가 영원히 이어지지.

노자

제60장 나라를 다스릴 때는 생선 굽듯이

治大國若烹小鮮치대국약팽소선.
以道莅天下이도리천하, 其鬼不神기귀불신.
非其鬼不神비기귀불신, 其神不傷人기신불상인.
非其神不傷人비기신불상인,
聖人亦不傷人성인역불상인.
夫兩不相傷부량불상상, 故德交歸焉고덕교귀언.

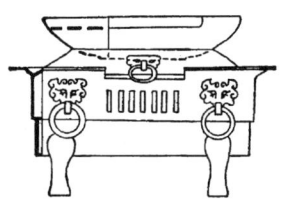

큰 나라를 다스리는 것은 작은 물고기를 굽는 일과 같다. 자주 정책을 바꾸지 말고 자연에 맡겨야 한다.

도의 법칙으로 세상을 다스리면 딴마음을 가진 사람들이 앞에 나서 군중을 선동하지 않을 것이다.

딴마음을 가진 사람이 없어서가 아니라, 그들의 말이 군중을 선동하기에 부족해서다.

선동가들이 사람에게 해악을 끼치지 않을 뿐 아니라, 성인의 정치도 사람을 상하게 하는 일이 없다.

이렇게 하면 모두가 평화롭게 공존하며 제자리를 잡기 때문에, 덕이 널리 퍼지게 된다.

제61장 큰 나라가 먼저 스스로를 낮춰야 한다

大國者下流대국자하류, 天下之交천하지교, 天下之牝천하지빈.
牝常以靜勝牡빈상이정승모, 以靜爲下이정위하.
故大國以下小國고대국이하소국, 則取小國즉취소국;
小國以下大國소국이하대국, 則取大國즉취대국.
故或下以取고혹하이취, 或下而取혹하이취.
大國不過欲兼畜人대국불과욕겸축인,
小國不過欲入事人소국불과욕입사인.
夫兩者各得其所欲부량자각득기소욕,
大者宜爲下대자의위하.

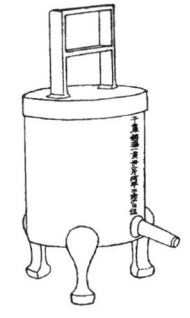

큰 나라는 강의 하류와 같다. 낮은 곳에 자리해 세상의 모든 흐름과 물산이 모여든다. 또한 여성처럼 품이 넓어 모든 것을 받아준다.

여성은 그 온순함으로 인해 언제나 남성을 이긴다. 온순함은 모든 것을 포용하므로 남성은 기꺼이 거기에 의지한다.

하편 덕德

큰 나라가 작은 나라에 겸손하게 행동하면 작은 나라를 얻게 되고, 작은 나라가 큰 나라에 겸손하면 큰 나라의 비호를 받을 수 있다.

이처럼 스스로를 낮추면 큰 나라나 작은 나라나 모두 서로가 원하는 것을 이룰 수 있다.

큰 나라는 작은 나라가 자신들에게 의지하기를 바랄 뿐이고, 작은 나라는 큰 나라가 자신들의 배경이 되어주기를 바랄 뿐이기 때문이다.

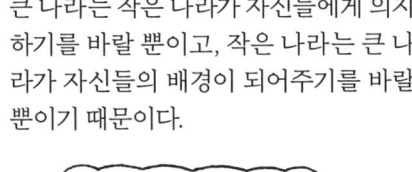

그 중에서도 큰 나라가 먼저 스스로를 낮추고 더욱 겸손해야 한다.

제62장 도가 있으면 구하는 것을 얻을 수 있다

道者도자, 萬物之奧만물지오.
善人之寶선인지보, 不善人之所保불선인지소보.
美言可以市尊미언가이시존, 美行可以加人미행가이가인.
人之不善인지불선, 何棄之有하기지유?
故고, 立天子입천자, 置三公치삼공, 雖有拱璧수유공벽,
以先駟馬이선사마, 不如坐進此道불여좌진차도.
古之所以貴此道者何고지소이귀차도자하?
不曰불왈: 以求得이구득, 有罪以免邪유죄이면사?
故爲天下貴고위천하귀.

도는 만물의 주재자이다. 선량한 사람이 정신적으로 의탁하는 보물일 뿐 아니라, 선량하지 못한 사람이라도 그 사람을 지켜주는 바탕이다.

도를 품은 말은 대중의 존중을 받고, 도의 법칙에 따른 행동은 사람을 움직이게 할 수 있어요.

그러므로 아무리 흉악한 사람이라도 그 도리를 버릴 수는 없다.

천자를 옹립하고 삼공 정승을 임명할 때 사두마차를 앞세워 아름다운 벽옥을 헌상하지만, 도를 바치는 것만 못하다.

자신의 생각에 갇히지 않으므로 미세한 것까지 똑똑히 살필 수 있다.

도가 있으면 구하는 것을 얻을 수 있고, 죄가 있어도 면할 수 있기 때문이다. 그래서 세상이 이를 모두 귀하게 여겼다.

예로부터 '도'가 그리 중시된 이유는 무엇일까?

노자

제63장 무위의 성인은 큰 일을 도모하지 않는다

爲無爲위무위, 事無事사무사, 味無味미무미, 大小多少대소다소.
報怨以德보원이덕. 圖難於其易도난어기이, 爲大於其細위대어기세.
天下難事천하난사, 必作於易필작어이, 天下大事천하대사, 必作於細필작어세.
是以聖人終不爲大시이성인종불위대, 故能成其大고능성기대.
夫輕諾必寡信부경낙필과신, 多易必多難다이필다난.
是以聖人猶難之시이성인유난지. 故終無難矣고종무난의.

무위의 자연법칙에 따르고, 특별한 일을 일부러 실행하지 않고, 무미건조한 음식을 맛있는 음식으로 여긴다.	작은 것을 큰 것으로, 적은 것을 많은 것으로 여겨 존중한다. 원한을 은혜로 갚는다.

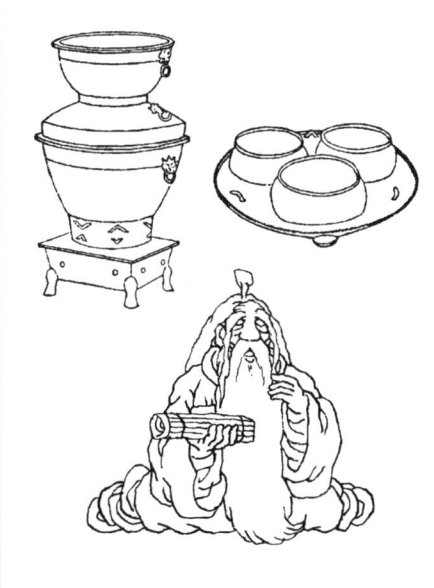 

하편 덕德

제64장 천릿길도 한 걸음부터

其安易持기안이지, 其未兆易謀기미조이모, 其脆易泮기취이반, 其微易散기미이산.
爲之於未有위지어미유, 治之於未亂치지어미란.
合抱之木합포지목, 生於毫末생어호말; 九層之臺구층지대, 起於累土기어루토;
天理之行천리지행, 始於足下시어족하. 爲者敗之위자패지, 執者失之집자실지.
是以聖人無爲故無敗시이성인무위고무패; 無執故無失무집고무실.
民之從事민지종사, 常於幾成而敗之상어기성이패지.
愼終如始신종여시, 則無敗事즉무패사.
是以聖人欲不欲시이성인욕불욕,
不貴難得之貨불귀난득지화; 學不學학불학,
復衆人之所過복중인지소과,
以輔萬物之自然而不敢爲이보만물지자연이불감위.

국면이 안정되어 있을 때라야 유지가 쉽고, 변화의 조짐이 나타나기 전이라야 손쓰기 쉽다.

약한 물건은 깨지기 쉽다.

작은 것은 흩어져 달아나기 쉽다.

그러므로 문제가 발생하기 전에 일을 처리해야 한다.

나라를 다스리는 가장 좋은 방법은 혼란이 생기기 전에 미리 방비하는 것이다.

홍수다!

제65장 기교와 지식은 나라의 재앙이다

古之善爲道者고지선위도자, 非以明民비이명민, 將以愚之장이우지.
民之難治민지난치, 以其智多이기지다.
故以智治國고이지치국, 國之賊국지적;
不以智治國불이지치국, 國之福국지복.
知此兩者지차량자, 亦稽式역계식.
常知稽式상지계식, 是謂玄德시위현덕.
玄德深矣현덕심의, 遠矣원의, 與物反矣여물반의.
然後乃至大順연후내지대순.

예로부터 무위의 도를 잘 닦은 위정자는 백성의 기교와 지식을 계발하려 하지 않고 질박함과 돈후함을 가르쳤다.

> 백성을 다스리기 어려운 것은 기교와 지식이 너무 많기 때문이라네.

기교와 지식으로 나라를 다스리는 것은 실로 나라의 재앙이다. 	기교와 지식을 걷어내고 나라를 다스려야 나라에 복이 된다. 
이 두 가지의 차이를 분별하는 것이 나라의 흥망성쇠를 이해하는 법칙이다. 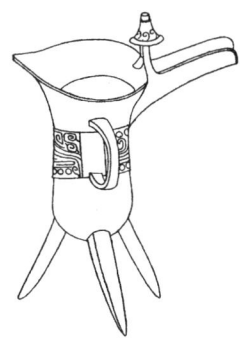	이 현묘하고 지극한 '덕'은 심오하면서 멀기 때문에 만물과 함께 그 근원으로 돌아간 다음에라야, 곧 백성들이 자연의 법칙에 따르게 되어야 실현될 수 있다. 
이 같은 항구적인 도리를 깨치고 실천하는 것을 '현덕'玄德이라고 한다. 	

제66장 성인은 높은 인망으로 나라를 다스린다

江海所以能爲百谷王者강해소이능위백곡왕자,
以其善下之이기선하지, 故能爲百谷王고능위백곡왕.
是以聖人欲上民시이성인욕상민, 必以言下之필이언하지;
欲先民욕선민, 必以身後之필이신후지.
是以聖人處上而民不重시이성인처상이민부중,
處前而民不害처전이민불해.
是以天下樂推而不厭시이천하락추이불염.
以其不爭이기부쟁, 故天下莫能與之爭고천하막능여지쟁.

강과 바다가 모든 계곡의 왕百谷之王이 될 수 있는 것은 계곡의 먼 아래 낮은 곳에 위치하기 때문이다.

위정자가 되어 나라를 다스리려면 큰 강과 같이 겸허히 백성의 소리에 귀를 기울여야 하며, 백성을 앞장서 이끌기 위해서는 자신의 안위를 돌보지 않아야 한다.

그래서 성인이 통치자로 위에 있어도 백성들은 그를 부담스러워하지 않고, 앞에 있어도 방해된다고 여기지 않는 것이다. 세상사람들은 즐거워하며 이런 성인을 받든다.

성인은 천위로 통치하는 것이 아니라 높은 인망으로 나라를 다스리지.

노자

제67장 삼보 중에서 자애로움이 가장 중요하다

天下皆謂我道大천하개위아도대, 似不肖사불초. 夫唯大부유대,
故似不肖고사불초, 若肖久矣약초구의, 其細也夫기세야부.
我有三寶아유삼보, 持而保之지이보지: 一曰慈일왈자,
二曰儉이왈검, 三曰不敢爲天下先삼왈불감위천하선.
慈자, 故能勇고능용; 儉검, 故能廣고능광.
不敢爲天下先불감위천하선, 故能成器長고능성기장.
今舍慈且勇금사자차용, 舍儉且廣사검차광, 舍後且先사후차선,
死矣사의. 夫慈부자, 以戰則勝이전즉승, 以守則固이수즉고,
天將救之천장구지, 以慈衛之이자위지.

세상사람들이 나의 도는 크지만 도답지 않다고 한다. 만일 도답게 보였더라면 이미 보잘것없이 되었을 것이다. 내게는 세 가지 보물이 있다. 첫째는 자애로움, 둘째는 검약, 셋째는 선두를 다투지 않는 것이다.

자애롭기 때문에 사람들의 신망을 받고, 신망을 받기 때문에 용감할 수 있다.

검약 생활을 실천하기 때문에 여유가 생기고, 남에게 관용을 베풀 수 있다.

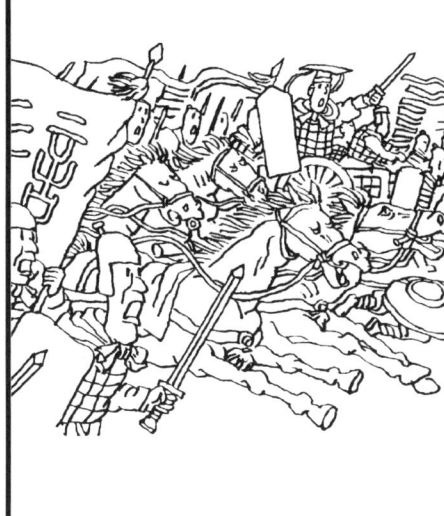

선두에 서려고 감히 다투지 않기 때문에, 뭇사람이 우러르는 인망을 얻고, 그 리더가 될 수 있는 것이다.

삼보 중에서 자애로움이 가장 중요하다. 자애로운 마음으로 전쟁에 임하면 반드시 승리하고, 자애로움으로 나라를 지키면 나라가 견고해진다.

자애로움을 버리고 용감하려 하고, 풍족하기를 바라고, 겸양에서 벗어나 선두를 다투면 멸망의 길을 가는 것이다.

자애로운 마음을 지니면 하늘이 도와주고 보호해준다네.

제68장 다투지 않는 덕

善爲士者不武 선위사자불무,
善戰者不怒 선전자불노,
善勝敵者不與 선승적자불여,
善用人者爲之下 선용인자위지하.
是謂不爭之德 시위부쟁지덕,
是謂用人之力 시위용인지력,
是謂配天 시위배천, 古之極也 고지극야.

뛰어난 장수는 무용을 드러내지 않는다.

훌륭한 병사는 흥분해 싸우지 않는다.

사람을 잘 쓰는 사람은 모두에게 겸손하다.

승리에 능한 자는 맞서 대적하지 않는다.

이를 일러 '다투지 않는 덕'이라고 한다. '다투지 않는 덕'은 사람을 쓰는 힘이자 자연의 섭리에 따르는 것으로, 예로부터 최고의 경지이다.

제69장 자애로운 자가 전쟁의 승자가 된다

用兵有言용병유언: 吾不敢爲主而爲客오불감위주이위객,
不敢進寸而退尺불감진촌이퇴척.
是謂行無行시위행무행, 攘無臂양무비,
扔無敵잉무적, 執無兵집무병.
禍莫大於輕敵화막대어경적,
輕敵幾喪吾寶경적기상오보.
故抗兵相若고항병상약, 哀者勝矣애자승의.

병법에 이런 말이 있다. 능동적으로 공격에 나서기보다 수동적으로 방어에 주력하라. 한 걸음 앞으로 나아가기보다 몇 걸음 뒤로 물러서라.

이를 가리켜 행군을 해도 행군하지 않는 듯하고, 휘두를 팔이 없는 듯하고, 쳐들어갈 적이 없는 듯하고, 무기를 잡아도 손에 쥐지 않은 듯하다고 한다.

전쟁에서 적을 얕잡아보는 것보다 더 큰 재앙은 없다. 경솔하게 대적하다가는 자신의 삼보만 잃는다.

따라서 양군이 대등할 때는 상대를 가엾게 여기는 자애로운 마음을 지니는 쪽이 최후의 승자가 된다.

제70장 내 말에는 만물의 원리가 담겨 있다

吾言甚易知오언심이지, 甚易行심이행.
天下莫能知천하막능지, 莫能行막능행.
言有宗언유종, 事有君사유군.
夫唯無知부유무지, 是以不我知시이불아지.
知我者希지아자희, 則我者貴즉아자귀.
是以聖人被褐懷玉시이성인피갈회옥.

내 말은 이해하기 쉽고 따라하기도 쉽다. 하지만 세상에 그것을 이해하는 사람도, 실천하는 사람도 드물다.

제71장
잘 모르면서 아는 척하는 것은 병이다

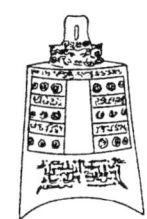

知不知지부지,
尙矣상의; 不知知부지지, 病也병야.
聖人不病성인불병, 以其病病이기병병.
夫唯病病부유병병, 是以不病시이불병.

지식이 깊으면서도 그러한 사실을 전혀 입밖에 내지 않는 사람이 가장 훌륭한 사람이다.

잘 모르면서 아는 척하는 것은 병이다.

이런 행위가 병인 줄 알면 어리석음에서 벗어날 수 있다.

성인이 결점이 없는 것은 자신의 결점을 결점인 줄 알기 때문이다.

자신을 완벽한 사람이라고 생각하는 것이야말로 어리석은 일이지.

노자

제72장 백성을 핍박하고 착취하면 안된다

民不畏威민불외위, 則大威至즉대위지.
無押其所居무압기소거, 無厭其所生무염기소생.
夫唯不厭부유불염, 是以不厭시이불염.
是以聖人自知不自見시이성인자지부자견,
自愛不自貴자애부자귀.
故去彼取此고거피취차.

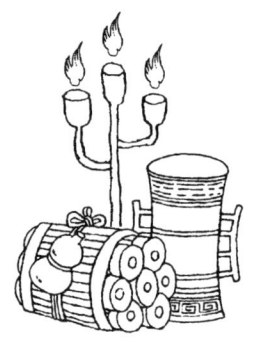

백성이 몸둘 곳을 모르도록 핍박해서는 안되며, 생계에 위협을 느끼도록 착취해서는 안된다.

백성이 군주의 권위를 두려워하지 않게 되면 끔찍한 위협이 닥칠 것이다.

제73장 하늘의 도는 싸우지 않고 이기는 것이다

勇於敢용어감, 則殺즉살; 勇於不敢용어불감, 則活즉활.
此兩者차량자, 或利或害혹리혹해.
天之所惡천지소악, 孰知其故숙지기고?
是以聖人猶難之시이성인유난지.
天之道천지도, 不爭而善勝부쟁이선승,
不言而善應불언이선응, 不召而自來불소이자래,
繟然而善謀천연이선모. 天網恢恢천망회회,
疏而不失소이불실.

전쟁에서는 용감히 돌격하는 용기있는 사람이 죽고, 퇴각의 결단을 내릴 줄 아는 용기있는 사람이 살아남는다.

양쪽 다 용감하지만 이로움과 해로움이 전혀 다르지.

노자

하늘이 싫어하는 이유를 누가 알까? 성인조차 어려운 일이거늘 하물며 보통사람이야 말해 무엇하랴.

만물은 말을 하지 않아도 응답하고, 부르지 않아도 저절로 찾아온다.

하늘의 도는 싸우거나 다투지 않고 이기는 것이다.

하늘의 그물은 끝없이 넓은 그물과 같다. 그물코가 성긴 것 같지만 만물을 하나도 빠뜨리지 않고 다 감싸고 있다.

제74장 죽음으로 백성을 두려워하게 할 수는 없다

民不畏死민불외사, 奈何以死懼之나하이사구지?
若使民常畏死약사민상외사, 而爲奇者이위기자,
吾得執而殺之오득집이살지, 孰敢숙감?
常有司殺者殺상유사살자살,
夫代司殺者殺부대사살자살,
是謂代大匠斲시위대대장착,
夫代大匠斲者부대대장착자,
希有不傷其手矣희유불상기수의.

백성들이 너무 억압당해 죽음을 두려워하지 않게 되면, 어찌 죽음으로 그들을 겁줄 수 있겠는가?

백성들이 죽음을 두려워하게 해놓고 죄지은 자를 잡아 죽인다면 어느 누가 감히 죄를 짓겠는가.

하지만 삶과 죽음에는 대자연의 법칙이 있다. 대자연을 대신해 인위적으로 죽인다면, 선무당에게 목수 대신 나무를 베게 하는 것과 같다.

목수

목수 대신 나무를 베는 사람은 제 손을 베기 십상이지.

노자

하편 덕덕

제75장 삶에 집착하지 않는 사람이 현자다

民之饑민지기, 以其上食稅之多이기상식세지다,
是以饑시이기. 民之難治민지난치,
以其上之有爲이기상지유위, 是以難治시이난치.
民之輕死민지경사, 以其上求生之厚이기상구생지후,
是以輕死시이경사. 夫唯無以生爲者부유무이생위자,
是賢於貴生시현어귀생.

백성들이 굶주리는 것은 위에서 세금을 너무 많이 거두어가기 때문이다. 그래서 늘 심한 굶주림에 시달리는 것이다.

백성을 다스리기 어려운 것은 윗사람들이 함부로 간섭하고 제멋대로 굴기 때문이다. 백성들의 죽음을 가볍게 여기는 것은 윗사람들이 지나치게 탐욕스러워서이다. 자신들의 삶이 백성들의 죽음보다 소중하다고 생각하는 것이다.

삶에 집착하지 않는 사람만이 삶의 진정한 의미를 아는 현자이다.

제76장 강한 것은 죽음의 무리에 속한다

人之生也柔弱인지생야유약, 其死也堅强기사야견강.
萬物草木之生也柔脆만물초목지생야유취,
其死也枯槁기사야고고.
故堅强者死之徒고견강자사지도,
柔弱者生之徒유약자생지도.
是以兵强則不勝시이병강즉불승, 木强則折목강즉절,
强大處下강대처하, 柔弱處上유약처상.

살아 있는 사람의 몸은 부드럽고 약하지만 죽으면 굳고 단단해진다.	살아 있는 풀과 나무는 연약하지만 죽으면 말라서 딱딱해진다.

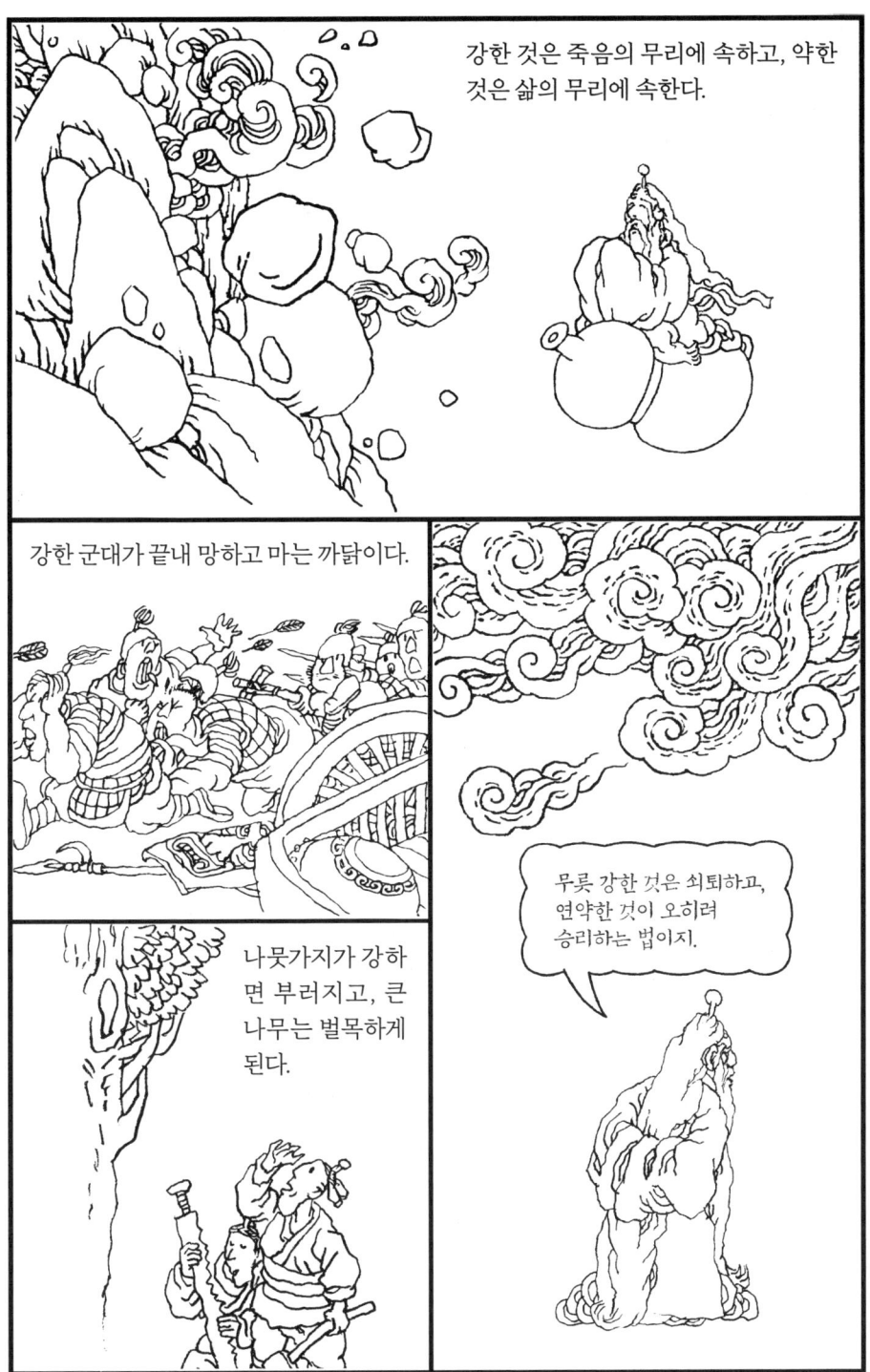

제77장 자연의 섭리는 활을 쏘는 것 같다

天之道천지도, 其猶張弓與기유장궁여?
高者抑之고자억지, 下者擧之하자거지,
有餘者損之유여자손지, 不足者補之부족자보지.
天之道천지도, 損有餘而補不足손유여이보부족.
人之道則不然인지도즉불연,
損不足以奉有餘손부족이봉유여.
孰能有餘以奉天下숙능유여이봉천하?
唯有道者유유도자.
是以聖人爲而不恃시이성인위이불시,
功成而不處공성이불처,
其不欲見賢기불욕견현.

자연의 법칙은 남는 것은 덜어내고 모자라는 것은 보태는 것이다.

인간의 법칙은 이와 반대로 모자라는 데서 덜어내 남는 곳에다 바친다.

여유 있는 것을 세상에 바칠 수 있는 사람은 누구인가? 도를 아는 사람뿐이다.

성인은 좋은 일을 했다고 교만하거나, 공을 세웠다고 자랑하거나, 자신의 현명함을 드러내거나 하지 않는다.

제78장 바른 말은 거꾸로 들리는 법이다

天下莫柔弱於水천하막유약어수,
而攻堅强者莫之能勝이공견강자막지능승,
以其無以易之이기무이역지.
弱之勝强약지승강, 柔之勝剛유지승강,
天下莫不知천하막부지, 莫能行막능행.
是以聖人云시이성인운:
受國之垢수국지구, 是謂社稷主시위사직주.
受國不祥수국불상, 是謂天下王시위천하왕.
正言若反정언약반.

세상에 물보다 약하고 부드러운 것은 없다. 한편 굳세고 강한 것을 이기는 데 물보다 더 나은 것도 없다. 물의 성질을 대신할 수 있는 것은 어디에도 없다.

약한 것이 강한 것을 이기고, 부드러움이 단단함을 이기는 이치를 모르는 사람은 없다. 실천하는 사람이 드물 뿐이다.

그래서 성인은 말한다. 나라의 치욕을 자신의 것으로 받아들이는 사람이라야 나라의 주인이 될 수 있다.

세상의 불행을 떠안는 사람이라야 천하의 왕으로 불릴 수 있다. 바른 말은 거꾸로 들리는 법이다.

제79장 하늘의 도는 언제나 선한 편에 선다

和大怨화대원, 必有餘怨필유여원,
安可以爲善안가이위선?
是以聖人執左契시이성인집좌계,
而不責於人이불책어인.
有德司契유덕사계, 無德司徹무덕사철.
天道無親천도무친, 常與善人상여선인.

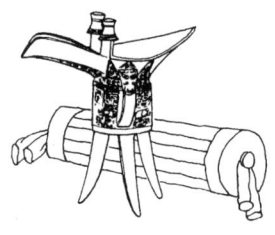

큰 원한을 품고 있으면 화해해도 앙금이 남는다. 이를 어찌 선이라고 할 수 있겠는가.

노자

제80장 나라는 작고 백성은 적다

小國寡民소국과민, 使有什佰之器而不用사유십백지기이불용,
使民重死而不遠徙사민중사이불원사.
雖有舟輿수유주여, 無所乘之무소승지,
雖有甲兵수유갑병, 無所陳之무소진지.
使人復結繩而用之사인부결승이용지.
甘其食감기식, 美其服미기복, 安其居안기거, 樂其俗낙기속.
隣國相望인국상망, 鷄犬之聲相聞계견지성상문,
民至老死不相往來민지로사불상왕래.

나라는 작고 백성은 적어, 비록 문명의 이기利器가 많아도 사용하지 않도록 한다.

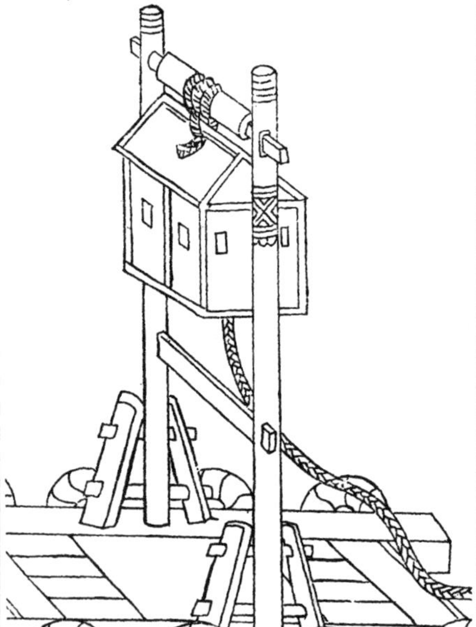

모두들 생명을 소중히 여겨 먼 길 떠나는 모험을 하지 않도록 한다.

그러니 배와 수레가 있어도 탈 필요가 없다.

비록 군대도 있고 장비도 있지만 전쟁을 벌일 곳이 없다.

백성들이 다시 먼 옛날로 돌아가 새끼 줄을 엮어 문자를 대신하도록 한다.

그러면 아무리 거친 음식을 먹어도 달게 느낄 것이다.

아무리 허술한 옷을 입어도 근사하게 느낄 것이다. 아무리 생활이 누추해도 편안하게 느낄 것이다.

아무리 풍속이 소박해도 즐거움을 느낄 것이다.

닭이 울고 개가 짖는 소리를 들을 수 있을 만큼 이웃나라가 눈앞에 바라보여도, 자신의 삶에 만족하는 백성들은 늙어 죽을 때까지 서로 왕래할 필요가 없을 것이다.

제81장 진실한 말은 귀에 거슬린다

信言不美신언불미, 美言不信미언불신.
善者不辯선자불변, 辯者不善변자불선.
知者不博지자부박, 博者不知박자부지.
聖人不積성인부적.
旣以爲人己愈有기이위인기유유,
旣以與人己愈多기이여인기유다.
天之道천지도, 利而不害이이불해;
聖人之道성인지도, 爲而不爭위이부쟁.

진실한 말은 귀에 거슬리나, 듣기 좋은 말은 진실하지 않다. 행동이 정직한 사람은 변명이 서툴고, 교묘하게 변명하는 사람은 정직하지 않다.

참된 지식을 지닌 사람은 뽐내지 않고, 뽐내기 좋아하는 사람은 참된 지식과는 거리가 멀다.

또 감언이설을 잔뜩 늘어놓는군요.

옮긴이의 말

　노자는 기원전 6세기 춘추시대 말기의 사상가이다. 주나라 왕실의 장서를 관장하는 일을 맡아보았기에 당시의 제자백가 누구보다 좋은 환경에서 자신의 사상을 형성할 수 있었다. 노자의 이름이 널리 알려져 공자도 그를 만나기 위해 주나라 수도를 찾았다는 이야기가 전한다.
　노자는 주나라의 힘이 쇠퇴하자 세상을 떠나 은거하였다. 그가 은거하면서 남긴 저술이 《도덕경》이다. 운문 철학서라 할 수 있는 《도덕경》은 '도'를 말하는 상편과 '덕'을 말하는 하편으로 구성되어 있다. '도'는 사물의 존재와 변화를 촉발하는 내재적 힘이고, '덕'은 인간의 행동을 자연 곧 '무위'의 경지로 이끌어준다. 노자로 대표되는 도가는 유가와 더불어 중국사상사의 양대 줄기를 대표한다. 오늘에 와서는 인류문화의 중요한 사상적 자산으로 확장되었다.
　《만화 노자》는 《도덕경》 81장 전부를 적절한 그림을 곁들여 현대적 의미로 해석한 책이다. 노자가 말하는 무위자연의 가르침이 무엇인지, 오늘날에는 어떤 의미를 가질 수 있는지 즐겁게 이해할 수 있기를 기대한다.

만화로 읽는 고전 3
《만화 노자》

2021년 8월 05일 초판 1쇄 찍음
2021년 8월 10일 초판 1쇄 펴냄

지은이   저우춘차이
옮긴이   박영재
펴낸이   이상
펴낸곳   가냐날
주소   경기도 고양시 일산동구 강선로 49 BYC 402호
전화   070.8806.4062
팩스   0303.3443.4062
이메일   gagyapub@naver.com
블로그   blog.naver.com/gagyapub
페이지   www.facebook.com/gagyapub
디자인   강소이

ISBN   979-11-87949-56-5 07140
        979-11-87949-53-4 07140(세트)